歴史のなかの
大卒労働市場

就職・採用の経済社会学

福井康貴

勁草書房

はしがき

　大学生の就職は毎年の定番のニュースである．採用活動の開始，途中経過を示す速報値や取材記事，最終的な就職率の考察．春になると入社式の様子が紹介される．苦しくも充実した通過儀礼を経て，晴れて「社会人」になった若者たち．その門出を祝う言葉が紡がれる．

　同じようなニュースを毎年みていると，大学から職場へつぎつぎに若者を送り出す，巨大なポンプのような機械があるように思えてくる．この機械がこれまで供給してきた若者たちは，それこそ膨大な数にのぼるだろう．社会がこれまで維持されてきたのは，この機械が安定して作動しつづけてきたおかげである——．

　もちろんそうした機械がじっさいにあるわけではない．企業の採用活動と学生の就職活動の結果，1つのマッチングが成立する．それらのマッチングが集積されることで，その年の就職状況が決まる．それが毎年繰り返されているのである．

　しかし，仕事に人を配分する機械が存在しないのなら，企業と学生が出会い，何かを経験し，企業と学生の組み合わせが決まるというのは，どのようにして可能になっているのだろうか．そこには，物理的な機械（machine）は存在しなくても，何かしらのしくみ（mechanism）が働いているはずである．

　本書で捉えてみたいと思っているのは，新規大卒労働市場で作用しているメカニズムの社会性や歴史性である．就職・採用活動のリアリティやイメージは，人によって少しずつ異なるかもしれないが，そうした個人の個別的な経験をなりたたせる社会的な次元があり，それは，過去から現在まで同一の形をしているのではなく，歴史的に変わってきたと考えられること．本書ではそのようなことを具体的に明らかにしていく．

歴史を辿ることは過去に埋没することではない．「人間は自分自身の歴史を創るが，しかし，自発的に，自分で選んだ状況の下で歴史を創るのではなく，すぐ目の前にある，与えられた，過去から受け渡された状況の下でそうする」というのは有名なマルクスの文章であるが（Marx〔1852〕1965＝2008: 16），過去から何かを受け継ぎ，何かを失った先に現在があるのだとしたら，歴史を通じて現代を逆照射することもできる．そして現在は再び歴史に繰り込まれていく．私たちは共同でそのプロセスに参加しているのである．本書が，就職・採用にかかわる人やかかわった人に読まれ，わずかでも新たな歴史を創る糧となればと願っている．

歴史のなかの大卒労働市場

就職・採用の経済社会学

目　次

はしがき i

凡例 vi

序　章　大卒労働市場を解読する 1
　1　構築される大卒労働市場　1
　2　本書の位置づけと方法　6
　3　本書の構成　10

第1章　他者と教育への信頼とそのゆらぎ 15
　1　シグナルとしての紹介と成績　15
　2　成績と紹介の意味変容　36
　3　変化の背景にあったもの　43

第2章　儀礼としての人物試験 49
　1　見えないものと見えるもの　49
　2　真／偽の物差しの彼岸　56
　3　見えてきた問題　63

第3章　見えがくれする学歴 67
　1　戦前期の大学・企業間取引と学歴の見え方　67
　2　展開する制度と学歴の見え方──学校推薦／指定校／自由応募　80
　3　見えがくれする学歴の現在　95

第4章　タイミングを制約する──就職協定の展開 101
　1　六社協定と新卒一括定期採用　101
　2　就職協定とルール違反　106
　3　ルール違反の規制と追認　114
　4　行為と制度の相互規定，政治的埋め込み　126

第5章　スクリーニングとしての面接試験 …………………………… 133
　　1　誌上面接の定点観測　133
　　2　行為を制約するロジックの諸相　136
　　3　手続きの適正化と決定の正統化　148

終　章　大卒労働市場の創られかた ………………………………………… 167
　　1　大卒労働市場の社会性と歴史性　167
　　2　個人と仕事の出会い方の現在へ　174

参考文献 ……………………………………………………………………… 177

あとがき ……………………………………………………………………… 189

人名索引・事項索引 ………………………………………………………… 193

凡　例

1　歴史的資料の引用に際しては，基本的に，カタカナはひらがなに，旧字体は新字体に改めた．あわせて文章中に濁点を補った箇所がある．歴史的仮名遣は原則として現代的仮名遣に変更した．
2　ルビや強調（傍点）が非常に多い資料の場合はルビや傍点を省略した．誤字脱字と思われる箇所は基本的に原文を尊重している．漢数字は算用数字で表記した．
3　引用文中にある〔　　〕内の記述は引用者による注記である．判読できない文字は●で示した．
4　雑誌からの引用は他の文献と同様に執筆者名と年で示している．署名がない場合は雑誌名を表示した．『就職ジャーナル』の記事はすべて「SJ」と略記した．
5　本文中の年号は西暦を用い，戦前の場合は（　　）を付して元号を併記した．

序　章

大卒労働市場を解読する

1　構築される大卒労働市場

1.1　対象としての大卒労働市場

　本書は，大卒労働市場[1]の歴史を，企業・学生の相互行為とその制約に焦点をあてて記述することで，大卒労働市場の見取り図を得ようとする試みである．
　ここでの企業と学生の相互行為は，求人・求職活動のことを指している．現代の求人・求職活動は，さまざまなルールや規範のもと，特定の形で成立しているが，それらのルールや規範，相互行為は，それ自体の歴史を持っている．本書で関心があるのは，歴史性を帯びながら社会的に構築される大卒労働市場の姿である．この構えを理解してもらう補助線として，本書の関心の在り処を表すような例を挙げてみよう．
　日本経済団体連合会は，傘下企業の採用活動期日を倫理憲章で定めてきたが，第二次安倍内閣の日本再興戦略を受けて「採用選考に関する指針」を公表し，選考開始期日の後ろ倒しをおこなった．つまり，現代では，企業と学生の出会いのタイミングは，ルールによって規制されている．では，ずっとそうだったのだろうか？　それとも，今とは違い，昔の企業と学生は自由に出会えていたのだろうか？
　もう1つ例を挙げよう．最近，老舗の学術出版社の応募資格に，著者か社員の紹介が明記されていたことがニュースになり，厚生労働省が調査に乗り出す事態へ発展した．これは，現代の新規大卒採用において，求人時に紹介者を求めることが説明を要する事柄であり，場合によっては不当なものとして評価されることを示した出来事だった．では，紹介を当たり前でないとみなす感覚は，

1

果たして普遍的なものだろうか？

　大卒労働市場は，ルールや規範のさまざまな線が走る場であり，人びとの実践によって社会的に構築されている．本書では，そのような観点のもと，歴史の断面を切り取って，求人・求職活動のいくつかの局面を記述し，それらを積み重ねることで，大卒労働市場の近似的な像を描いていきたいと考えている．

1.2　スクリーニング，シグナリング，タイミング

　求人・求職活動には，相手の情報の探索が含まれているが，情報探索が必要となるのは，企業と学生のあいだに情報の非対称性が存在するからである．

　情報の非対称性とは，取引の当事者間で情報が不均等に配分されている状態である．この概念を用いて中古車市場を分析したアカロフ（Akerlof, J.）は，中古車の質に関する情報を，売り手が知っており，買い手は知らないという状態が，市場に欠陥車を流通させる結果をもたらすことを示した（Akerlof 1970＝1995）．

　この概念は経済学を中心に彫琢され，多くの研究を生み出しているが，社会学でも同様の状態を考察してきた系譜がある．たとえば，対面的相互行為を対象としたゴフマン（Goffman, A.）の研究は，互いの情報が欠けた状況で個人間に生じる相互行為を，情報やその操作に注目して分析したものだと考えることができる（Goffman 1959＝1974）．グラノヴェター（Granovetter, M.）も，自身の弱い紐帯の理論と情報の経済学との関連について注意を促しているし（Granovetter 2005; Montgomery 1991），過去と将来の情報の落差への対処という観点から信頼の機能を説明するルーマン（Luhmann, N.）の信頼論（Luhmann 1973＝1990）などもある．行為者間の情報量の差に注目した発想は，社会学者にとっても馴染み深いものである．

　情報の非対称性への対処方法が，シグナリングとスクリーニングである．シグナリングは情報をもつ者が商品の質の情報を，情報をもたない者に伝達することであり，スクリーニングは情報をもたない者が，情報をもつ者から情報を引き出すことである．

　本書で注目する企業と学生の相互行為は，企業のスクリーニングと学生のシグナリングに重なっている．職業能力という言葉で労働者の質を表すことにす

ると，企業は学生同士の職業能力を比較して採否を決定すると考えられる．しかし，職業能力を直接観察することはできないので，企業は職業能力を推測するために学生から情報を引き出そうとし，学生は職業能力を証明する情報を企業に伝達しようとする．

本書の作業の1つは，このような，職業能力の推測と証明をめぐって，企業と学生のあいだでおこなわれるやり取りを観察することである．具体的には，紹介，成績，学歴（学校歴），人物という指標に注目し，その指標とかかわる経験を記述していく作業をおこなう．これらの指標は，情報の非対称性への対処という点では機能的に等価であるが，別様の相互行為を伴っており，特定の制約のもとで，当事者にとって異なる経験のされ方，現れ方をすると考えられる．こうしたシグナルと相関する相互行為や経験が考察の対象の1つである．

スクリーニング／シグナリングにくわえて，求人・求職活動が開始されるタイミングも本書の分析対象となる．選考開始期日の規制は，まず昭和初期に現れ，よく知られているように，戦後の約40年間は就職協定というルールが存在していた．このようなタイミングをめぐるルールが，いかにして定められ，どのように企業・学生の相互行為とかかわっていたのかということを探っていく．これが本書でおこなわれる2つめの作業である．

以上をまとめれば，スクリーニング，シグナリング，タイミングにかかわる企業と学生の相互行為を本書ではみていくということになる

1.3 相互行為の制約

スクリーニング／シグナリングでは企業と学生の相互行為に何かしらの構造が与えられている．たとえば採用面接の場は，日常会話とは異なる制約を，参与者の相互行為に課しているはずである．単刀直入に「あなたは能力がありますか」と質問したり，あるいは「私には能力がある」と言い張るだけでは，他の学生と比べた職業能力の多寡を，推測したり証明することはできないだろう．また，求人・求職活動のタイミングの規制も，企業と学生の相互行為に一定の枠をはめ，水路づけることを試みるものである．

相互行為の制約という作用は制度（institution）の有力な概念化の1つである[2]．ノース（North, D.）は，制度を相互行為への制約であり，相互行為に構造を与

えて行為者の選択集合を定義し，制限すると述べている（North 1990 = 1994）．そこで，制度はゲームのルールに，個人・組織はプレイヤーにたとえられる．スコット（Scott, W. R.）は，規制，規範，文化 – 認知の三要素で構成され，関連する活動や資源と合わさって，社会生活に安定性と意味を与えるもの，という包括的な定義から，制度概念の検討を始めている（Scott 2014: 56）．意味づけが重視されているが，ノースと同様，スコットも行為の制約に制度の核をみている．

河野勝がロールズ（Rawls, J.）やサール（Searle, J. R.）を援用して述べるところによれば，ノースの考える制度は「C という文脈においては，X をせよ」という内容をもった規制的（regulative）制度であり，（制度と独立に存在する）行為を規制する点に強調点がある．それにたいしてスコットの定義では「C という文脈においては，X とは Y である」という内容の構成的（constitutive）制度が想定されており，行為を定義したり創造する側面が重視されている（河野 2002; Rawls 1955; Searle 1969 = 1986）．

制約という言葉を，本書で用いるときも，行為にたいする規制と構成（または意味づけ）の両方の意味を込めている．制約の典型は，ルール，行為コード，慣習などであり，人が考案した公式の制約と，明示化されずに従われる非公式の制約の両方がふくまれる．本書では，企業と学生の相互行為が，こうした公式・非公式な制約によって規制・構成されるものと捉えている．

1.4　市場の社会への埋め込み

企業と学生の相互行為は，特定の社会的文脈におかれており，相互行為の様態や適切性などは，文脈の違いに依存して異なる可能性がある．冒頭の例を用いれば，現代の大卒労働市場は，採用時の紹介を不当とみなす文化に埋め込まれていると捉えることができるが，そのことが，別の時代の大卒労働市場，転職市場，他の社会などにおいて，同じように成立するとは限らない．つまり，何らかの指標がシグナルたりうるか否かは文脈依存的である．

こうした社会的文脈も，それを制度とよぶかどうかは別として，相互行為を制約するものである．就職・採用は，学校から職業への移行プロセスであるため，この文脈には，企業側の要因と学校側の要因が，まず含まれるだろう．麻

生誠は，明治期から現代にいたる高等教育の発展と就職の関係を概観し，高等教育学歴の「量的希少性と過剰性」と卒業後の「キャリアの見通し」という2つの軸で整理している（麻生 1991: 79-113）．本書でも，明治期から現代までの幅広い期間を扱っているが，その過程で，エリートの教育機関だった高等教育は，マス段階を経て，ユニバーサル段階にいたっている．また，企業が近代化を遂げる過程で，多くの学卒者が民間企業に入社する状況が生まれるが，企業組織の整備に伴い，学卒者の職務要件や人事管理の仕組みも変化するだろう．求人・求職活動のあり様は，そうした変化する社会的文脈との関連で見ていく必要がある．

　本書では，企業と学生の相互行為に分析の照準を定めているため，就職・採用プロセスに内在した記述がどうしても多くなる．しかし，そのように内部からの記述を志向したとしても，当事者の実践や制度を記した言葉，統計のなかには，企業と学校の関数としての側面が否応なく現れてくるのであり，それらをできる限りすくい取って記述に組み込んでいく．

　ただし，企業側・学校側要因による条件づけのみでは，社会的文脈の諸相を十分に汲み尽くしたとはいい難い．ここでは，その他の社会的文脈を，より特定して把握するため，経済社会学における「埋め込み（embeddedness）」という考え方を導入することにしたい．

　埋め込みとは，簡単にいえば，経済的行為が社会的要因の影響を受ける事実を指している．このような視点は，ポラニー（Polanyi, K.）の古典的な著作（Polanyi 1957 = 2003）や，それに示唆を受けたグラノヴェターの研究に始まる「新しい経済社会学」の中心に位置している（Granovetter 1985; 渡辺 2002）．

　グラノヴェター自身は，経済的行為や経済的結果が二者関係や関係のネットワーク全体の構造に影響される事実として埋め込みを定義するが（Granovetter 1992），ズーキン（Zukin, S.）とディマジオ（Dimaggio, P.）は，埋め込み概念を拡張して，認知（Cognition），文化（Culture），社会構造（Social Structure），政治制度（Political Institutions）に対応した，4つのタイプに分類することを提案している（Zukin and Dimaggio 1990; 渡辺 2002）．

　認知的埋め込みは，人間の認知の構造的な制約が経済的な計算を制限することであり，限定合理性（bounded rationality）のような概念である．文化的埋め

込みは，人びとに共有された集合的な理解が，経済的な戦略や目的を形成するときに果たす役割を指しており，文化が経済合理性を制約することである．生命や子ども，親密性といった「聖なるもの」と貨幣の交換を考察したゼリザー (Zelizer, V.) の研究が文化的埋め込みの代表例である (Fourcade and Healy 2007; Zelizer 1979, 1985, 2011)．構造的埋め込みは，個人的な関係が経済的交換の文脈となることであり，経済的行為が社会的ネットワークに影響されるというグラノヴェターが指摘した事実を指す．最後に，政治的埋め込みは，経済的な制度や意思決定が，利益集団，国家，社会階級などの勢力闘争に影響されることを指す．

また，苅谷剛彦とローゼンバウム (Rosenbaum, J. E.) は，学校と企業という2つの組織のあいだでおこなわれる，卒業生の継続的・特恵的な取引を，制度的リンケージ (institutional linkages) とよび，就職・採用は制度的リンケージに埋め込まれているとする (Kariya and Rosenbaum 1995; Rosenbaum and Kariya 1989)．この視角は日本の労働市場に援用され，中卒労働市場における職業紹介制度（苅谷ほか 2000），高校と企業の実績関係（苅谷 1991），大卒就職におけるOB・OGネットワーク（苅谷ほか 1992）など，豊かな研究成果を生み出してきた．

大卒労働市場では，戦前から戦後にかけて，学校が企業に学生を推薦する学校推薦制が，文系・理系を問わず標準的だった時期があり，次第に自由応募制が主流となっていった流れがある．したがって，制度的リンケージ（組織間取引）への埋め込み（と脱埋め込み）という視点も，本書の分析にとって重要なものとなる．

2　本書の位置づけと方法

2.1　本書の位置づけ

新規大卒労働市場の歴史にかかわる研究には，経営史・労働史や教育社会学の分野を中心にさまざまな蓄積がある．経営史・労働史では，企業の人事施策の一環として，従業員の採用方法を明らかにしてきた[3]．教育社会学では，高等教育史や学生の歴史のなかで就職が取り上げられてきたほか，近年では，

OB・OGネットワーク,面接試験,自己分析,就職協定など,特定の現象や制度に関する緻密な研究がなされている[4]．また,研究書というわけではないが,尾崎盛光の『日本就職史』のような先駆的な仕事も,過去の就職・採用に関する貴重な事実発見や指摘を含んでいる（尾崎 1967; 松尾 1983）．

これらにたいして,求人・求職活動とそれを制約する制度・埋め込みへの照準が,大卒労働市場を社会学的に捉えるために本書が採用した戦略である．この枠組みは本書独自のものであるが,社会学のオーソドックスな考え方の延長線上にある．

教育と職業の関係を説明する理論群を検討したビルズ（Bills, D. B.）は,職業の獲得や賃金の決定が,採用者と労働者の雇用をめぐる取引（hiring transaction）に依存しており,この取引とそれが埋め込まれた制約をあわせて理解する必要があると述べている（Bills 2003: 442, 460）．社会学や経済学には,教育と職業の関係を説明するさまざまなモデルが存在するが,それらを付き合わせてみれば,社会的制約に埋め込まれた求職者と労働者の取引に焦点があるとまとめることもできるのである．しかし,この課題を正面から引き受け,具体的に明らかにしようとする経験的な研究はあまりない（Rivera 2015）．

竹内洋も,メリトクラシーに関する機能理論,葛藤理論,解釈理論を検討し,それらの理論は,なぜ選抜がおこなわれるかを説明する仮説を提供してきたが,いかなる選抜がおこなわれているかを検討してこなかったと指摘している（竹内 1995: 第 1 章）．たとえば,職業の獲得を生育環境や学歴の関数とする社会学の地位達成モデルや,教育の収益を推定する経済学の賃金関数は機能理論に分類されるが,いずれにおいても,就職・昇進や賃金決定は個人側から説明され,企業による選抜はブラックボックスとなる．このような指摘とともに,受験,就職,昇進という選抜プロセスを分析した竹内の研究は,選抜への着目という視点の定め方において,本書の重要な先行研究である．

大卒労働市場の展開を考えていく際,企業と教育の関数としての側面よりも,そのあいだでおこなわれる,企業と学生のやり取りを重視することには,複数のシグナルをめぐるスクリーニングの場として労働市場を描くことができるという利点がある．

たとえば,教育領域から就職・採用の展開を観察する場合,有力な枠組みの

1つとして学歴主義がある．日本の学歴主義の特徴は，教育と産業化の拡大が軌を一にして進んだことであり，教育資格の「擬似職業資格化」にある（天野2006）．これは大変強力な趨勢命題であり，大卒労働市場の展開を考える際にも踏まえなければならない事実であるが，この視点を過度に強調すると，一面的な歴史記述になってしまうおそれがある．

教育資格は「集団」の能力にかんするシグナルとして機能するが，同程度の資格をもつ「個人」の能力を識別することはできない．教育資格を一定とすれば，企業は別のシグナルもあわせて利用するはずである．学歴（学校歴）が重要であることは論をまたないが，学歴（学校歴）では説明できない誤差を，どのように捉えようとしてきたのか．そうした点も考慮することで，初めてみえてくる労働市場の姿もあるはずである[5]．

2.2　二重の解釈学／一次理論の記述

以上のように本書の対象は企業・学生の相互行為とその制約であるが，方法論的には，本書は理解社会学的なアプローチということになるだろう．

理解社会学では，他者の行為を解釈し，他者に自分の行為を解釈されるという，人々がとりむすぶ意味的な関係を，分析者が解釈して再構成することが目指される．つまり，理解社会学には，当事者の解釈のレベルと，当事者の解釈を解釈する観察者のレベルが存在している．

ギデンズ（Giddens, A.）は，理解社会学のこのような二段構えの構成を「二重の解釈学」とよんでおり（Giddens 1993 = 2000），盛山和夫は「行為者自身が自らをとりまく世界について抱いている了解の内容」を一次理論，「社会科学という探求の立場が確立しようとしている理論」を二次理論とよぶ（盛山1995）．本書は，歴史のなかの大卒労働市場を対象とした二重の解釈学，あるいは一次理論の記述の試みである．

歴史的な研究において，当事者の行為や解釈は失われた過去に属している．したがって，歴史的な研究として理解社会学をおこなうということは，現在に残された記録から，過去の行為や解釈を復元する作業にほかならない[6]．

もっとも，ここでの関心は，ある個人の主観的な了解を理解することではなく，それなりの人々のあいだに広がりをもって存在していた集合的な了解を，

（もしそれが存在していたならば）明らかにすることにある（佐藤 1988）．しかし，分析がカバーする範囲は，現在に残されたテクストや問題関心，分析枠組みに依存しているので，場合によっては偏りをもった歴史の再構成になる可能性もある．したがって，可能な限りで複数の記録を批判的につきあわせることで復元作業をしなければならない．

さらにいえば，当事者の了解をたんになぞるだけでは十分でない場合もある．歩を進めて，何かを自明視する人びとの了解の輪郭を描くこと，自明なものの自明でなさのようなものを明らかにすることが重要だと考える[7]．資料にたいする向き合い方としては，異端審問官の記録から別のものを引き出したギンズブルグ（Ginzburg, C.）にしたがって，「ゆがんだガラス」としてのテクストを「逆なでに読む」作法が重要になってくる（Ginsburg 2003）．

バーガー（Berger, P. L.）とルックマン（Luckmann, T.）は，社会的現実の定義には，「具体的な諸個人やそうした諸個人からなる集団が現実の定義者として介在している」（Berger and Luckmann 1966 = 1977: 197）と指摘している．この指摘にならい，「現実はこうなっている」と社会的現実を示す認知図式，あるいは「一次理論的な自明視」（盛山 1996: 258）として，記録を批判的に位置づけることも必要になってくるだろう．

相互行為の水準で，選抜や制度の形成過程を分析するには，どのような分析資料を選択するのが適当だろうか．紹介と成績（第1章），人物（第2章，第5章），学歴（第3章），就職協定（第4章）を分析する際の中心的な資料についてここで述べておくことにしたい．

紹介と成績については『実業之日本』という経済雑誌の記事を主に利用する．日本近代の社会史研究において，数多く用いられているのは，幅広い読者を対象とした大衆新聞である．しかし，戦前期の学卒者の選抜の様態を調査するという課題にとって，新聞記事を中心的な資料とするのは必ずしも適当ではない．なぜなら，採用・就職に関する記事，とくに選抜の内実にふみこんだ記事が，新聞というメディアに掲載されることは，それほど多くなかったからである．

『実業之日本』は，1897（明治30）年に創刊され，2002年まで刊行されていた雑誌である．メディア史の知見によれば，明治期が博文館の『太陽』，大正期が実業之日本社の『実業之日本』，昭和初期は講談社の『キング』の時代と

序章　大卒労働市場を解読する　9

される（永嶺 1997; 佐藤卓巳 2002 など）.『実業之日本』に関する研究蓄積は少ないが，馬静によれば，長らく主筆を務めた増田義一の交友関係のゆえか，実業家の論説が多く掲載されていたとされる（馬静 2006）. キンモンス（Kinmonth, E.）は，日露戦争後，高等教育を受けた青年の成功の機会が減少していくにしたがって，読者の教育水準が上昇していくと指摘している（Kinmonth 1981=1995: 250）. 事実，その辺りになると，高等商業学校，慶應義塾，東京帝国大学といった「学校出」の就職・採用の様態を描いた記事が掲載されるようになる．それ以前の時期に関しても，実業家の寄稿が多くみられるという雑誌の特徴により，実業家が学生としてあるいは企業側の人間として経験した就職・採用活動の体験談が掲載されている．

　戦前期の「人物」をめぐる企業と学生の相互行為（人物試験）については，就職マニュアル書を主に利用している．昭和初期になると高等教育機関の学生を読者として想定した就職に関する書籍が出版されるようになるのである．戦後の面接試験については，リクルートが 1968 年から 2009 年まで約 40 年間にわたり発行していた『就職ジャーナル』を用いる．この雑誌では学生に向けてさまざまな就職情報が掲載されているが，とくに人事担当者や編集部等が，面接試験に関してアドバイスする記事に注目した．

　学歴（学校歴）については，詳細は該当章で説明しているが，内務省（厚生省）の『知識階級就職に関する資料』と，就職情報誌に掲載された推薦や内定の調査データなど，量的なデータを利用している．

　最後に，就職協定に関しては，文部省が発行していた『大学と学生』（旧『厚生補導』）を利用した．この雑誌には，就職協定にかかわっていた行政，企業団体，大学団体関係者の手による同時代的な記事が数多く掲載されているためである．

3　本書の構成

　第 1 章「他者と教育への信頼とそのゆらぎ」では，戦前期の「学校出」採用における紹介と成績の位置づけの変容を追う．まず，求人時の紹介を当時の企業がどのように利用しており，その利用がどのような行為と社会的文脈に支え

られていたのかを明らかにする．さらに，職業能力のシグナルとして成績がどのように評価され，利用されていたかを，そのゆらぎとともに確認する．

　第2章「儀礼としての人物試験」では，大正期から昭和初期における人物のスクリーニングについて，見えない人物をめぐる企業と学生の攻防をみていく．そのなかから，私的情報の質確保と企業／学生の利害調整という，人物のスクリーニングが対処すべき課題が立ち現れていたことを指摘する．

　第3章「見えがくれする学歴」では，学校推薦制，指定校制，自由応募制という，学歴（学校歴）の取り扱いに関する制度変化を追いながら，それらの制度が学歴（学校歴）と職業能力の関連にもたらす「一次理論的な自明視」の構図を，制度が信憑させる関連と同時期の量的データにもとづく関連との重なりやズレの布置を見ることによって，浮かび上がらせる．

　第4章「タイミングを制約する――就職協定の展開」では，ルールを適用する側と適用される側がおかれていた社会的文脈とともに，企業・学生にたいする規制の内容を時系列にみていくなかで，ルールが破られる機制，ルールと相互行為が相互に規定しあう関係，ルールが変化する機制について明らかにする．

　第5章「スクリーニングとしての面接試験」では，1970～2000年代の面接試験の記事を対象に，第2章で抽出した私的情報の質確保と企業／学生の利害調整という課題にたいして，どのような対処方法が提示されていたのかを，人事管理（論）との関係なども視野に入れながら探っていく．それは，現代において，個人と労働と企業の関係が，働くことの入口でどのように示されているかを明らかにする作業でもある．

　終章では，これらの章で明らかになったことを改めて辿り直し，それらをつなぎ合わせて大卒労働市場の仮設的な見取り図を提示したうえで，これから考えていくべき点を明らかにする．

注
1) 日本の近現代を対象時期とする本書では，通常の「新卒の大学卒業者」よりも広い対象を含むものとして，この言葉を用いている．具体的には，戦前期の場合は，(1) 専門学校の学生も含めている．(2) 卒業者というより出身者といった意味合いであり，中退者や既卒者も厳密には排除していない．いわゆる「学校出」という表現が示す人びとであるといえる．1点目については，制度

上の大学に限定すると，戦後の大学の前身である専門学校が分析対象に含まれなくなるが，専門学校と大学には，差異と同時に高等教育機関としてのまとまりもあったと考えられるので，狭義の大学に限るのでは不十分であると考えた．実際問題として，両者を区別していない資料も多いため，両者を一体として扱わざるをえないという側面もある．2点目については以下の理由がある．明治初期にかんしては，学業の途中で入社するとか，官庁の「学校出」を民間企業が中途で採用した，といった事例をしばしば目にする．新卒者に限定すると，新卒一括定期採用慣行が成立していない時期については扱えないということになるが，学校の出身者という連続性のほうを重視すべきだと考える．卒業者か中退者か，新卒か既卒かについても，戦前の場合は，資料の記述から厳密にはわからないことも多い．

2）制度については，North（1990＝1994），盛山（1995），Scott（2014），河野（2002），Greif（2006＝2009），筒井（2006）などを参照．とくにScott（2014）とGreif（2006＝2009）の考察は多角的であり，経験的研究を視野に入れたもので参考になる．なお，グライフ（Greif, A.）は制度を，行動に一定の規則性を与えるルール・予想・規範・組織のシステムであり，人為的に作り出される非物質的なものであると同時に個人にとって外生的という二面性をもつと定義する．

3）三井（千本1983, 1986, 1989），三井物産（麻島2003；若林1999），三菱（鈴木1992, 1994, 1995），官営八幡製鉄所（菅山2011）など．菅山真次の『「就社」社会の誕生』では，就職を学校卒業時に会社に就く1回限りの選択とみなす「就社」社会の常識が，ホワイトカラーからブルーカラーに広まっていったことが，学歴主義，制度的リンケージ，企業システムという3つの視点から，さまざまな資料を駆使して実証されている（菅山2011）．

4）戦間期における民間企業の「人柄」重視を指摘しているキンモンス（Kinmonth 1981＝1995）や竹内（1988: 71-84）の研究，面接試験における評価に焦点をあてた研究（岩脇2006a, 2006b, 2007a, 2007b；根本2004；小山2010），自己分析に関する香川めいや牧野智和の研究（香川2010；牧野2009, 2012），中村高康の就職協定に関する研究（中村1993）などが挙げられる．

5）学校と企業の関係に焦点を合わせる（準）制度的リンケージの視角については，大卒者の入職経路として直接応募が一般的になっていることを考えると，大卒労働市場の展開を捉える枠組みとしては採用しにくいように思われる．

6）労働市場に関する歴史ではないが，人々の相互行為の水準に着目した歴史研究として，エリアス（Elias, N.）の研究を挙げることができる．エリアスの研究では，礼儀作法書を資料として，人々の行為や情感が「文明化」していく過程が克明に描かれている（Elias 1969＝1977）．採用・就職に関する相互行為の長期的な変容に着目している点で，本書の分析はエリアスの研究と関心が近いように思われる．

7）歴史的な研究の場合，昔の人々が当たり前のこととして知っていることでも，現在では当たり前でなくなっていることがあるので，その落差によって「発見」が成立しやすいところがある．

第 1 章

他者と教育への信頼とそのゆらぎ

1 シグナルとしての紹介と成績

1.1 学卒者の卒業後の進路

　初代文部大臣である森有礼のもと，小学校令・中学校令・帝国大学令・師範学校令が公布され，日本は近代教育制度の確立期に入る（文部省 1992）．1886（明治19）年に公布された帝国大学令の第1条に「帝国大学ハ国家ノ須要ニ応スル学術技芸ヲ教授シ及其蘊奥ヲ攻究スルヲ以テ目的トス」とあるように，帝国大学は国家の須要に応じる教育・研究を行う機関という性格を与えられ，国家の近代化の担い手となる官僚や専門職業人の養成機関として出発した．当初1校だった帝国大学は，1897（明治30）年に京都帝国大学が誕生することで東京帝国大学となり，その後も東北，九州，北海道と主要都市に帝国大学が設置されていく．

　その一方で，幕末から明治10年代以降にかけて，外国語関係の私立学校，宗教主義の私立学校，公私立の医学校，政治法律関係の専門学校など，現在の公立・私立大学の源流となる諸学校が数多く生まれていた．天野郁夫によれば，有力な私立の諸学校は東京に集中しており，地方出身の若者を集めていた（天野 1992）．当時から，慶應義塾や東京専門学校，同志社など独自の理念を掲げる私立学校も存在していたが，こうした学校はけっして多数派ではなく，その多くは「簡易速成」教育によって官立学校を補完する「国家試験の予備校」であったとされる．これらの学校もまた，1903（明治36）年の専門学校令の公布によって，「高等ノ学術技芸ヲ教授スル学校」として高等教育制度に組み込まれ，運営されていくこととなった．このように明治10年代末から明治30年代

は，近代高等教育の拡大と体系化が行われ，その基本的な骨格が固まった時期であった．

明治 30 年代における学卒者の卒業後の進路状況がどのようなものだったのかを，民間企業への就職者に注目しながら簡単に確認しておこう．図表 1-1 は，1902（明治 35）年度末までに東京帝国大学（法科大学および工科大学）を卒業した者の卒業後の状況を示したものである．法科の卒業者のうち，「行政官吏」が 26%，「司法官吏」が 21% であり，両者で半数近くを占めている．この時点で「銀行及会社員」は 12% にすぎない．工業技術分野は帝国大学のなかでも卒業者の民間企業への進出が早くみられた分野であり（天野 1989: 196），工科では「民間技術員」が 32% と「官庁技術員」の 37% と同程度となっている．

特定分野の技術者を産業界に送り込む機能をすでに確立していたのが官立諸

図表 1-1　東京帝国大学卒業者の状況（明治 35 年度末）

	法科大学	工科大学
行政官吏	25.6	0.4
司法官吏	20.6	0.0
学校職員及教員	3.2	8.2
官庁技術員	0.0	36.8
官庁及病院医員	0.0	0.0
官庁獣医	0.0	0.0
宮内官	0.0	0.0
帝国議会議員	0.4	0.0
弁護士	7.7	0.0
民間技術員	0.0	32.4
銀行及会社員	12.3	0.6
医術開業者	0.0	0.0
獣医開業者	0.0	0.0
僧侶	0.0	0.0
外国政府又は会社等の招聘に応じたる者	0.0	0.3
諸種業	2.3	4.3
大学院生	11.9	8.9
海外留学生	0.4	0.8
分科大学研究生	0.0	0.0
分科大学生	0.0	0.0
兵役に服する者	0.0	0.6
職業未定又は不詳	8.7	0.6
死亡	7.0	6.3
総計	1338	1088

注：総計は人数，その他の項目は %．
出所：文部省年報（明治 35 年）．

学校である．商業と工業に特化した専門学校の東京工業学校と高等商業学校では，同じ時期，民間企業で働く者の比率が他の進路を凌駕していた（天野 1989: 195-7）．1900（明治33）年の時点で，東京工業学校の卒業者総数812名のうち，会社・工場に在職する者は51％にのぼっており，高等商業学校でも，1899（明治32）年までの卒業者総数639名のうち，民間企業の在職者は59％に及んでいた．

当時の高等教育機関において，多くの人間を輩出していたのは私立専門学校であり[1]，とくに在学生・卒業生の過半を占めたのは私立法律学校である．天野郁夫によれば，私立法律学校は帝国大学の官僚養成を補完する機能を期待され，上昇移動を志向する「立身青年」たちを集めもしたが，学生の多数を占めたのは「必ずしも明確な職業目的をもたない，富裕な中産階級の師弟」であった．彼らは，教養としての「法律及政治思想」を東京で学び，故郷へ錦を飾ることそれ自体を目的とする「教養青年」であり，彼らにとっての高等教育は職業達成の手段ではなかったとされる．じっさい，私立法律学校7校の1897（明治30）年までの卒業生の卒業後の状況によると，民間企業に在職する者は15％にすぎなかったのである（天野 1989: 199-201）．

1.2 「学校出」を採用した企業

企業側に視点をうつすと，第一次大戦前に学卒者の採用を積極的に行っていたのは財閥系の企業であり，すでに明治10年前後から学卒者の採用が開始されている（森川 1981: 34）．採用に積極的だったのは，歴史が浅く，管理者的人材が不足していた新興のグループであり，江戸時代から家業を営んできた三井，住友，鴻池などは，番頭・手代制度の限界に直面することで学卒者の採用に乗り出したとされている．

前者のグループとしてしばしば言及されるのは，郵便汽船三菱会社と三井物産である．郵便汽船三菱会社は慶應義塾の出身者を多く採用し，加藤高明のような東京大学の出身者を入社させている．三井物産では商法講習所（東京高等商業学校，一橋大学の前身）や慶應義塾の出身者を積極的に採用していた．後者のグループにあたる三井の場合，1891（明治24）年，経営の立て直しのために三井銀行の理事に就任した中上川彦次郎が，慶應義塾の出身者を大量に入社さ

せたのが，学卒者を採用する契機となっている（千本 1983, 1986, 1989）．

　森川英正によると，当時の学卒者の採用には，(1) 学校から直接入社する新卒者，(2) 1つ以上の勤務先を経て入社する中途採用者，(3) 他の勤務先から役員に招かれる者の3種類があった（森川 1981: 34）．中途採用者の入社ルートとして特筆されるのは官庁からの転職者である．当時，管理者や技術者を育成・蓄積していたのは官庁であったため，管理や技術の専門家として，官庁から民間企業に転職するケースがみられたのである．さきほどみた帝国大学工科大学の「民間技術員」の多くも，そうした転職者であった．では民間企業に雇用された学卒者はどの程度であったのか．米川伸一は 1914（大正3）年の時点で学卒者を雇用している企業の上位 100 社をリスト化しているが（米川 1994），このリストに掲載された学卒者数は 8255 人（社会科学 5148 人，自然科学 3107 人）であり，1 万人にも満たない規模であった[2]．1893（明治26）年に会社法が施行され，株式会社形態が普及するなど，明治 30 年代前後は会社企業の定着期でもあったが（高村 1996），民間企業はまだ，広大な「伝統社会の海」に確保された「ささやかな近代化の橋頭堡」であって（Dore 1976 = 1978），雇用される学卒者数はけっして多いものではなかったのである．

1.3　シグナルとしての紹介

　当時の学卒者はどのようにして民間企業に入社していたのだろうか．大森一宏は入社に際して学校教員が紹介者としての役割を担っていたことを指摘している（大森 2000）．慶應義塾の福沢諭吉，東京高等商業学校では矢野二郎や成瀬隆蔵，東京帝国大学では穂積陳重や浜尾新など，各校の総長や教授レベルの人間が，民間企業に卒業者を紹介していたのである．

　たとえば「憲政の神様」とよばれた尾崎行雄は，1874（明治7）年，17 歳のときに「福沢諭吉の名声とともに当時日本一との評判」だった慶應義塾に入学し，1879（明治12）年には福沢の紹介によって新潟新報に入社している（麻生 1991: 81-82）．同年の『驥尾団子』という雑誌には，「御新聞記者請宿」「学問のすすめ屋」で塾生を新聞社に紹介する福沢の姿が描かれている．

　　　金を取れ取れと言って諭しが吉から皆が頼みに来る．遠国の口入ならここ

の慶応オット慶庵に限るよ．
　三田［見た］とこからして，**福沢山**と思われるいい株になったなア．（宮武 1997: 196-198　太字［　］ママ）

官庁でも 1887（明治 20）年に官僚任用試験が導入される前は任用基準が曖昧だったことが知られるが（天野 1992: 200），民間企業への入職経路も同様に不透明であった．そうした状況のなかで，福沢諭吉は「学問のすすめ屋」として培った人脈を駆使し，塾生たちに勤め先を紹介していたのである[3]．

1909（明治 42）年に著された石川天涯の『東京学』は，「猟官運動並に求職法」において「学校出の青年が職を得る為めに将来の心得となること」を述べるなかで，師弟関係と同郷関係について言及している（石川〔1909〕1986: 163）．

石川によると，職を得るには，在学中に真面目に勉強することが第一であるが，第二に「自分が専門の学課に就き特に御世話になる先生の所へは時々訪問するが肝要である」という．そのように訪問する理由は，教員に企業へ「推薦」してもらうためである．

　　何もおべっかを言いに行けと言うのではない．「先生今日は遊びに来ました」と言う風に無邪気に出て居たら，先生の方も悪くくはないもので，なぜ来たとは決して言わぬ．然しなる可く先生の忙しい時や研究の邪魔になるような時は避けねばならぬ．中中学校だけでは多数の学生もあること故，どの学生がどう言う気質の男でどう言う特徴短所のあると言うことが分明るものではない．それ故単に学校で教授しただけでは，より仮令社会の需要者の方面から適当な人物を御周旋願いますと言って来た所が，先生の方で責任を以て推薦する事が出来ぬ．かう言う時に平常自分の手元へ来て居るものは，よく了解して居るから其の推薦にあづかると言う事になるのである．（石川〔1909〕1986: 163-4）

竹内洋が，1911（明治 44）年頃でも「教授や学校に申し込むのは四分の一程度，求人求職はつてによっていた」と述べているように（竹内 2005: 99　強調ママ），紹介者は教育関係者に限られていたわけではない．石川がつぎに挙げる

のは「同県同国出身の先輩」である．そこでは「同県人であるとか同国人であるとか言うことの結合力は盛んなものだ」と述べられたうえで，地方出身の学生がこうした「結合力」を利用すべきだと指摘されている．

　　同県人の会だとか同窓会だとか，又は同郷の人の紹介だとか言うもので先輩にちかづき学校を出る迄に二度でも三度でも顔を知られて居ると言うことが必要であろう．特に卒業近くになると先輩の方でも注意してくれる．（石川〔1909〕1986:166）

　紹介行為が学校関係を超えた拡がりをもって存在していたことを企業側の視点から裏書する資料もある．図表1-2は，1904（明治37）年に出版された社員の採用や待遇に関する書物から，採用の要件として紹介を挙げている記述を抜き出したものである（岩崎1904）．この書物に掲載されている43社（砲兵工廠を含む）のうち，学卒者の採用において，紹介を挙げているのは18社である．紹介者の属性に関する記述を確認すると，学校教員を明示的に挙げている企業はなく，会社関係者や「名望信用ある人」が挙げられているのである．

　これらの企業は採用活動のなかに紹介行為をどのように位置づけていたのであろうか．図表1-2からいくつか文言を拾ってみると，日本銀行では「希望者は必ず行員の手を経て志願書を提出し置く，さすれば同行は必要に応じて右の者を呼出し試験をする，故に先づ行員に伝手を求めるが肝心である」とされている．また，三井物産合名会社は「無試験採用〔履歴採用〕は帝国大学，高等商業学校，慶應義塾大学部等の出身者で，名望信用ある者より紹介ある時欠員の都合によって採用する」としている．もちろん「行員は總て児飼より採用する者多く，中年者は成丈使わんように致して居る」とする安田銀行や「呉服太物の売買懸引は，寧ろ学問よりは実際上の智識が必要で，夫れには何う致しても中年者よりは小僧時代より養成した方が，融通が利くのに相違ない，ために主として児飼養成法を取り，時に中年者を雇い入るる」という三井呉服店など，江戸時代から続く「児飼養成法」をとっていた企業の存在を忘れてはならないが，学卒者を採用していた企業では，一定の教育資格を前提にしながら，何らかの紹介を経ることを採用の要件とすることが，成立していたと考えられる[4]．

図表1-2　採用に紹介を必要とした企業

日本銀行	此銀行は他の私立銀行と違って，余り行員の変動が甚だしくない，何れも永く勤続する傾があるに依って，新たに新聞に広告して募集するなどは今に聞かぬ，<u>希望者は必ず行員の手を経て志願書を提出し置く</u>，さすれば同行は必要に応じて右の者を呼出し試験をする，故に先づ行員に伝手を求めるが肝心である
三井物産合名会社	抑も同会社の社員採用法には，試験採用と履歴採用との二つある，無試験採用〔履歴採用〕は帝国大学，高等商業学校，慶應義塾大学部等の出身者で，<u>名望信用ある者より紹介ある時欠員の都合によって採用する</u>，而して試験採用者にも，高等商業学校と同一程度の学校を卒業したる資格あるを要し，又別に尋常中学に又は地方商業学校卒業者を取ることもある，試験の際は予ねて社員中より委員を嘱託し，成績の如何に依って採否を決する
東京市街鉄道株式会社	職員の採用法は，<u>多くは株主又は会社に関係ある者の紹介を以て</u>，先づ履歴書を差出す，会社は適格の人物と見れば相当の保證人を付けて採用するが，然し技術部員の採用は，東京工手学校又は卜谷の岩倉鉄道学校卒業生徒で，同校の紹介あれば無試験にて採用する事がある，現に木年も同校出身者を採用したそうで，グット上席の技手は，大学の出身者若くは官庁に技手を勤めて居たより採用する
東京瓦斯株式会社	支配人とか技師長というような上役の採用に至っては，何れも重役会議を開いて，学識経験に富める人物を聘するが，更らに<u>準社員以下の採用方法に至っては，社に関係ある者の紹介を要し</u>，例に依って履歴書を差出す，会社は本人の履歴と人物とに徴して採否を決する
東京火災保険株式会社	先づ社員の採用は如何なる条件を要するかと云うのに，同側四十条には品行，性質，技量，身元を精査して，後よいと定まったら入社誓約證及び身元引及證書を差入させる，別に何処の学校卒業とか，又は何々専門の学科を修めし者と<u>云うような特段な条件を要さぬ</u>，詰る処相当の学力と前の条件があって，<u>且会社に関係せる者の紹介でもあれば</u>，欠員次第入社を差許すようである
二十銀行	行員の採用法は，<u>会社関係者の紹介を要し，大学</u>，高等商業学校及び，慶應義塾，地方商業学校，中学校等の出身者を取る，多くは履歴で別にこれと申す試験はないが，最初は一ヶ月間見習となし，後初めて正式の雇入をする，此際は保證人の外に保證金として五百円以上二千五百円迄を納めさせる，総て入社と同時に納付するを要し，月給又は賞与金から積立させての保證金納付方法は許さぬ
日本郵船株式会社	本社詰員及び支店出張所員の採用法は，大学　高等商業学校，慶應義塾等の出身者を無試験にて取るが本人の申立又は社の都合で，彼が特長とする学科（専門）を試験することもある，だが多くは英文などを試験するのが常とす，此かる大会社丈に希望者も少なからず，<u>何時しか社知己の手を経て願出る者多く</u>，平日数十人の申込者が履歴書を見ざるはなしだ
三井銀行	同行は如何にして採用するかと云うに，前の物産会社〔三井物産〕とは全く反対で敢て試験などはしない，何処迄も人物と技能とに依り<u>相当の紹介さい〔ママ〕あれば採用する</u>，昔のお店風を脱して文明国の雇用契約主義に従い，子飼年季奉公を廃して一般に中年者を雇入れる

日本點燈株式會社	社員採用は会社関係者の紹介に依るべく，大概夫れと履歴にて定めて仕舞う，入社の際は五十円の保證金を納めさせる
富士製紙株式會社	社員は，之を正副事務長と手代とに分たれ，手代は一等より五等迄ある，其採用法は試験にあらず，一に本人の履歴に徴し，且市内に公民権を有する者の保證を添える，何処の会社でも大概会社関係者の紹介が肝心で，突然行って入会〔入社〕したいとか，乃至は使って呉れろと云った所で採用しない，茲は宜しく伝手を求めるに限る
甲武鉄道株式會社	会社直勤の者は，別に之れという試験若くは資格を要さない，会社に関係ある者又は信用あるものの紹介を得て入社する
東京精米株式會社	社員総じて二十六名，何れも会社関係者の紹介に依り，入社するのを多く見受ける
日本鉄道株式會社	各課の書記及び社員は別に試験を行わずして，履歴と人物とを鑑識し，且つ名望信用ある人の紹介を以て臨機入社を許す
東京建物株式會社	先ず社員の採用法は，例の会社に関係ある者の紹介が第一で其次に履歴書を見る，他の会社と違うて別に試験をせぬ代りには，余程其人の品行と技能とを見分ける，本人にして適格なりとせば今度は保證人が肝腎で，其資格は公民権を有する者二名以上を要する，之れがなければ矢張り入社は出来ない
東京電車鉄道株式會社	本社に直接勤務する者（即ち内勤）の採用法は，市街鉄道会社と同じく紹介に依り，履歴のみに徴して採否を決し，別に之と云う試験は致さない
横濱火災保險運送株式會社	此会社に入らんとする者は，先づ関係のある人の紹介を得て履歴書を差出すが，大体は中学卒業以上の学力を有する者を取る
明治火災保險運送株式會社	先づ以て慶應義塾，高等商業学校，早稲田専門学校及び，私立商業学校の出身者を取り，一に履歴を標準として別に試験をしない，特に同社に慶應義塾の出身者が多いのは，阿部社長が同塾に在った縁故より出たのだそうで，時には社員の紹介に依り他校出身者も取ることがあるが，夫れにしても体格検査が必要で，志願者中には，往々肺病其他の伝染病患者を診うける，かかる場合には他に害を及ぼすべきを以て厳に検査を執行し，学識と体格と相俟って初めて採用と決する，之れでよいと定まれば肝腎なのは保證人，之に立つべき人の資格は紳士録に載って所得税を納むる者二名，此の資格がなければ保證人を許さぬ．
帝国生命保險株式會社	事務員を採用するには，先づ社関係人の紹介に依り，体格試験の上に合格すれば，今度履歴のみで直くに採用されるものと，試験を執行するものとある，大学出身とか乃至は高等商業，慶應義塾大学，私立大学を卒業せし者は，無試験採用するので，是れ以下の履歴を有って居る者は試験をされる，其課目程度は中学卒業以上に見ればよい．

出所：岩崎（1904）より作成．

当時，紹介の利用は一般的なスクリーニングの1つであり，紹介者とは職業能力のシグナルの1つだったのである．

1.4 社会構造に埋め込まれた採用

紹介とは人々のつながりであり，社会学的には社会的ネットワークとよばれるものである（Lin 2001 = 2008）．社会的ネットワークに埋め込まれた資源を社会関係資本というが，リン（Lin, N.）によれば，社会関係資本は相互行為を通じて獲得される．行為者は相互行為をつうじて社会関係資本にアクセスするが，新たな資源を獲得する際は，自分と異なる地位にあり，異なる資源をもった行為者と相互行為をする場合に，よりよいリターンを得る可能性が高いという（Lin 2001 = 2008: 63）．たとえば，学生は教員との相互行為によって，教員の地位に付随する資源（威信や権限）を利用することができるとされる．このような観点から，資源を同程度にもつ行為者間の相互行為は「同質的相互行為」，同程度でない資源をもつ行為者間の相互行為は「異質的相互行為」と区別される．

リンは，異質的相互行為は同質的相互行為とくらべて起こりにくいと述べるが，他方で「社会的な相互行為は，ライフスタイルや社会経済的特徴が似た個人間で行われる」という「同類性の原埋」があることも示唆している（Lin 2001 = 2008: 51）．したがって，資源の量が異なっていても，質的な類似性をもつ者同士のあいだでは，相互行為がおこなわれやすいといえよう．このアイデアを敷衍すれば，この時期の学生は，師弟関係や同郷関係といった，同じ交際圏に帰属しているという「同類性の原理」にもとづいて，自分と異なる地位にあり，異なる資源をもった行為者と相互行為をすることによって，就職のチャンスを摑んでいたということができる．

たとえば，学生と教員は大学という同じ交際圏に帰属しているが，教員と社員が同レベルの社会経済的地位にあるとすれば，こちらもまた同じ交際圏に帰属していると考えられる．ここで教員は，2つの交際圏をむすぶ橋渡し（ブリッジ）の位置にいるということができる．つぎに学生と社員が直接関係を結ぶ場合を考えてみよう．まず，学生と社員の現在の社会経済的地位は異なっていると考えられ，この点からすれば学生と社員の相互行為は異質的相互行為とな

る．しかし，両者が同郷であったり，先輩・後輩の関係にあれば，その点では同じ交際圏に属していると考えることができる．学生と社員は出身地や出身校という質的な面では同じ交際圏を構築する可能性があるのである．

採用活動における紹介の利用とは，経済的行為が社会的ネットワークに制約されている事態であり，序章で述べた社会構造への埋め込みそのものだといえる．教育資格が前提とされていたことを忘れてはならないが，当時，就職機会を得るという目的にとって，教育資格の獲得のみでは十分ではなく，学校から職業への移動は社会的ネットワークによって媒介されていたのである．

1.5 紹介者と学生の相互行為

具体的な事例をとおして当時の学生がどのように紹介者を獲得していたのかを確認しよう．教員が紹介者の場合と同郷者が紹介者の場合をそれぞれみてゆく．

最初は「今年の春慶應義塾の理財科を卒業してから，秋風の立ち初める此頃までする事もなく故郷にブラブラと日を送っていた」という学生が，「何とか身の振り方をつけなければならぬというので一月ばかり前に上京し，恩師F先生の紹介で此M呉服店に入った」という事例である（芳水生 1919b: 65）．

> 私がこうして先生をお尋ねしたのは先生の御機嫌をお伺いするためでもありますが，真意は無論就職口をお世話して戴こうと思ったからでした．
> そこで私は，先生にお目にかかるとすぐ就職の事について頼みました．すると先生は，一寸小首を傾けて，考えていられましたが，やがて「M呉服店は如何だね．あそこのK君は懇意にしているから紹介して上げよう．然し欠員があるか如何かは分らないが，兎に角行って見たまえ．もしM呉服店が駄目だったら，他のところへ紹介してあげる．」と気軽に言われました．（芳水生 1919b: 65-6）

「F先生」が「M呉服店」の「欠員」を知らないという事実から，「F先生」は「M呉服店」から推薦の依頼を受けていたわけではないのだろう．この紹介は，純粋に「F先生」と学生の，そして「F先生」と「K君」の個人的な紐帯

に依存しているのである．

　学生の反応も興味深い．この学生はM呉服店を強く希望していたわけではなかったようであるが，M呉服店は「日本一のデパートメントストア」であり「そこへ入店したい希望もないことは」ない．しかも「F先生が折角こう言って下さるのに，気の進まぬような返事をしては悪い」といったことを思いめぐらし，「言下に『M呉服店は，兼ねてから希望していたところです．何卒よろしくお願い申します』」と述べている．

　次の事例に出てくるのは高等商業学校の学生である．就職先が決まらないため不安を感じていた「S」は，ある日，教授の「Yさん」から呼び止められ，「M物産会社」に就職することを勧められている．

　　それは今年の二月の末であった．冬には珍しい温い日で，Sは彼の学校——一橋の高商であった——で，放課後の十五分間を校庭の日向に出て，級友の誰彼と一緒に，卒業後の就職問題について話合っていた．もう卒業に間もない時なので，殊に話題が話題だけに，皆の話も何時もとは異って，熱がこもっていた．「俺は山下へ行くことに略定（さだま）った俸給は七十円だぜ！」Kは自慢らしそうに言った．「よせ！成金会社なんか…俺は三菱に定ったぜ！」TはKの言葉を打消すように言った．こんな事を言っている時に鈴が鳴った．
　　Sは教室へ急ぐ間も，まだ就職の定っていない彼には，就職のことを考えないではいられなかった．不安な，そして今までに経験したことのない考えを抱き乍ら，教室の入口まで来かかった．
　　と，其時「S君！一寸話がある．」と教授のYさんからよびとめられた．そしてYさんは，Sを扉の蔭に導いて，無造作に「君！就職がまだ定っていないのなら，M物産会社へ行き給えな．実はそこから三十人ばかり寄こしてくれという申込があったんだよ．君行ったらどうだ．君が行く気なら，すぐ履歴書を出し給え．履歴書は僕から送っておいて上げる．俸給は三十五円だそうだが，他日外国へ行くポシビリチーもある．M物産に定め給え．君はM物産に適任だよ．」
　　Yさんは多くの教授の中で最もよく知ってをり，そしてSの敬慕している人であった．Yさんの此言葉を聞くと，Sもまた無造作に「先生の仰る通り

M物産にします．どうぞよろしく願います．」と言った．
「それじゃ好いね．」Ｙさんは小さく首肯いていつものように教室へさっさと入って行った．（芳水生 1919b: 61-2）

さきほどの事例と異なるのは，「Ｍ物産会社」から「三十人ばかり寄こしてくれという申込があった」という事実である．ここでは「Ｍ物産会社」と高等商業学校という２つの組織の間に，求人の申し込みと学生の推薦という制度的リンケージが存在していることをうかがわせる．「Ｙさん」は，この申し込みを受けて人選をおこなうなかで，「Ｓ」に目をつけたのであろう．就職先が決まらず不安を抱いていた「Ｓ」であったが，突然，教授に呼び止められ，その場で「先生の仰る通りＭ物産にします」と就職を即決している．

最後の事例は「丸の内Ｍ会社」の重役であり，郷里の先輩でもある「Ｋ氏」を自宅に訪問した学生の事例である．

僕は卒業期が来ると，一日も安閑としているわけに行かないもんだから郷里――僕の郷里は土佐だ――の先輩Ｋ氏を牛込に訪問して就職のことについて依頼した．勿論貧書生の僕には菓子折や三越の切手など持って行くことは出来なかった．君も知ってるだろうＫ氏はＭ会社の重役なのだ．
実のところ僕は内々心配していたが，案外にもＫ氏は言下に，承諾して，早速人事課に紹介して呉れることになった．社員採用の場合は人事課で決するからであった．然し僕はＫ氏の承諾によって大いに安心した．矢張り何と言っても郷里は好いね．見ず知らずの僕のような貧書生にでも，只郷里が同じというだけで，どうやら特別の取扱を受けることが出来たんだ．（芳水生 1919c: 52）

「見ず知らずの僕」と述べられていることから，両者は日常的な交流があったわけではないのであろう．これまでの事例とは異なり，「Ｋ氏」は「人事課に紹介」しただけであり，この学生の採用が決定したわけではないが，同じ郷里に帰属するだけの関係にもとづいて，面識のない者の就職の世話をする／される関係が成立していることが確認できる．

1.6 採用における文化的な埋め込み

このように事例をみてくると,就職先を他者に紹介してもらうことを,当時の人々が正当（normal）な行為として了解していることに気づくであろう.学生は教員や同郷の先輩に就職を世話してもらうことを正当なことだと期待し,依頼されるほうも世話することを当然のことのように考えているようなのである.

ここで1907（明治40）年7月に早稲田大学の第1回卒業生として卒業した,小野義夫という人物の回顧録を参照しよう（小野義夫伝記刊行会 1959）.それによると,当時の早稲田大学は「奉職の口のあった連中は2割にも達」せず,あまりの売れ行きの悪さに「学校の監事や学監など初めから匙を投げて求職の世話などして呉れなかった」という状況であり,小野は「法科の売れ残りとして暗い生活をつづける以外にない悲境」にあった.ところが幸運なことに,古河鉱業に勤めていた友人に,早稲田の同窓で古河鉱業の庶務課長であった先輩を紹介してもらうことができ,彼に古河鉱業への入社を依頼しに行くのである.

　この先生にお目にかかって入社をお願いしたがただ聞き置く程度のもので,ウンともスンともおっしゃらなかった.その後1週間置きまたは2週間置き程度の間隔をおいて先方に嫌がられないように,さりとて忘れられては大変と,腫物にさわるように,思い出さずだが忘れぬように,遠巻の戦法で気長に催促を続けた.ところが,とうとうその年も暮れようとしてもまだきまらず,時候の寒冷と比例して財布のカラッ風は益々ひどく吹きすさび途方に暮れていた.（小野義夫伝記刊行会 1959: 3-4）

この事例は尾崎盛光の『日本就職史』に出てくるエピソードである（尾崎 1967: 20-23）.尾崎は「民間企業が,うっかり大学卒をとったところで,どうやって使ってよいのか見当がつかない」という文脈でこのエピソードを紹介しているのであるが,ここで注目したいのは,他者への「お願い」や「遠巻の戦法で気長に催促」といった行為が,当時にあっては正当な求職活動として了解されているという点である.

1908（明治41）年の『実業之日本』には,「我国の会社及銀行の枢要位置に

活動する少壮実業家」たちへのアンケートをまとめた「余は何人の斡旋に依り又如何なる待遇にて初て実業界に出でしか」という題の記事が掲載されているが（『実業之日本』1908.9.15: 4），「何人の斡旋に依り」という文言が示唆するように，そこでは「実業界」に出るために他者の紹介を経ることが自明視されている[5]．また「求職者は初対面の時の作法が運命の試験〔ママ〕石」と題されたある記事では，会社員の先輩と在学中に懇意にしておく必要性が，（われわれからすると）堂々と説かれている．

　当今の求職者中には学校を卒業すると俄かに左程懇意でもなく，若くは全然一面識もなき先輩を訪うて，職業の相談を為す者が少なくないが，これでは到底容易に職業を得らるべき筈がないのである．故に何でも卒業前に於て予め先輩を訪うて，身上の相談やら処世の方針やらを問い，此くて先輩をして其長所や人柄を感知せしめ置くことが肝要である．（小野 1910）

他者の紹介にたいするこうした自明性（taken-for-grantedness）は，現代の学卒者の就職／採用では成立していないといってよく，現代の感覚からすると，不当な（abnormal）縁故採用であったようにみえるかもしれない．だが，紹介が不当という評価は，当時は一般的でなかった可能性が高い．
　さきほど言及した『東京学』では，教員や同郷の先輩を訪問して顔を覚えてもらうといった「予備的運動」が自己の力によって職を得ることとされている．石川は「自分の好きな又は一寸人聞きのいい所など計りを望まないで，仕事のある所自分の向た所で何でもかまわず努力奮闘する，そうして自己の運命を開拓する覚悟が必要である」と「自己の運命を開拓する」「決心」の必要性を説くのであるが，この「決心」は，現代とは異なる就職活動と結びつけられているのである．

　我々の考えは，先づ以上の決心［引用者：自己の運命を開拓する決心］を以て，そうして自分の先輩と仰ぐ人，学校の教授なぞへ出来るだけ多く頼んで置くのが肝要である．そうして口があったら何処でもかまわず，どしどし働いて自己の運命を自分の力に依て開拓すると云う覚悟でなければならぬと思

う．（石川〔1909〕1986:173）

こうした内容を「自己の運命を開拓する」と表現できるということは，当時の就職／採用が，現代のそれとはいくぶん異なる規範のもとでおこなわれていたことを示唆している．現在では（程度の差はあれども）了解されている「自分の力で就職すべき」という規範，つまり，「自己／他者」という認知的なカテゴリに「正当／不当」という規範的なカテゴリを割り当てる概念図式は，当時の人々にとってけっして自明なものではなかったと考えられるのである．ズーキンとディマジオによる埋め込みの4つのタイプを援用すると（Zukin and Dimaggio 1990），当時の就職／採用活動は，現代とは異なる文化的な埋め込みのもとで営まれていたといえるだろう．

1.7 情報の非対称性と他者への信頼

企業と学生のあいだに存在する情報の非対称性への対処という観点から考察するならば，入社に際して紹介者を要求する企業は，企業にとって未知である学生の職業能力に関する情報を，企業自身が獲得を試みるのではなく，学生の情報を持っているであろう紹介者を信頼することによって，対処しているといえる．

もっとも，いうまでもなくここにはある種の〈飛躍〉がある．というのは，たしかな情報として紹介者から企業が得るのは，その学生と紹介者に関係があるという事実であり，学生の職業能力に関する情報は紹介者による評価にすぎないからである．本来であれば，その評価の正しさを確かめるには，評価のさらなる評価をおこなわなければならないだろう．さらに，その評価の評価が正しいかどうか……というように，情報の正しさを確かめようとする試みは，【【紹介者による学生の評価】の評価】の評価……と無限後退していくはずであって，その評価を確定する最終的な審級は，おそらくいつになっても到来することがないであろう．

このような無限後退プロセスを作動させないようにしているのが，紹介者（他者）にたいする信頼（trust）の働きである．ルーマンによれば，信頼の機能は「過去から入手しうる情報を過剰利用して将来を規定する」（Luhmann

1973 = 1990: 33) ことにある．彼がベビーシッターに子どもを預けて出かける母親という印象的な例を引いて述べているように，信頼は，かつてXだった〈から〉将来もX〈にちがいない〉という形で，つまり過去の情報から未来を推測する形で，過去と未来の情報の落差に対処するが，そこでは与えられた情報からそれ以上の内容が引き出されている．情報の落差は，埋められているのではなく，ただ飛び越えられているのである．

　こうした議論からどのような結論が引き出されるかは明白であろう．他者を信頼するということは，企業と学生のあいだの情報の落差を埋めるというよりも，他者を利用することで学生の情報を調べずに済ますという対処なのである．紹介者を求めることによって，あたかも学生の職業能力に関する情報が追加されたかのようにみえるが，追加されるのは，誰が紹介者であるかという事実と，あとはせいぜいその紹介者による学生の評価という，それ自体としては正しさが保証されていない情報にすぎないのだ．

1.8　成績にたいする信頼とゆらぎ

　1907（明治40）年に上京し，東京帝国大学で事務員をしていた野間清治は，その当時，卒業試験が「すこぶる厳重」に行われていたことを証言している．そして，試験を厳格におこなう背景の1つに，大学の成績が就職先に影響するという認識が存在していたと述べている．

　　とにかく，大学における試験はすこぶる厳重なもので，その用うる答案用紙は，大学において特別にこしらえ，特別の印を施し，そして次の時間には，まえの時間に用いた答案用紙とはまったく異なるものを用うるなど，ずいぶん微細な点にまで注意が払われたものである．事務員のほかに，さらに小使なども手伝って，答案用紙を配ったり，列の間を回って監視したりして，すこぶる厳重をきわめたものである．
　　そんなに厳重にする理由も大いにあったわけで，当時は，卒業試験の点数によって，大蔵省に行けるとか，内務省に行けるとか，どこの役所には75点以上でなければ絶対に採用されないとか，実業界においても，やはり点数を以て採否を決定するという傾向があった．

学生が就職を依頼するために，深切〔ママ〕で世話好きな教授を訪ねるにしても，便宜上，自分の名刺の上に点数を書きこんでいく，といった具合で，某教授は 70 点以下の者に対しては，「面会しても無駄だから」といって会ってくれなかったとか，そんな噂まであった時分であります．1 点の差が，将来の運命に大関係を持つ，それ故，試験はどこまでも厳重にする．（野間 1999: 175-6）

　ここでは「1 点の差が，将来の運命に大関係を持つ」理由として，学生が素点で微細に順位づけられ，その評価が就職先のランクと連動していたことが指摘されている．野間の回顧は官庁に比重が置かれているが，「実業界」でも「点数を以て採否を決定するという傾向」があるとしている．
　学校の成績があらゆる局面で重視されていたことは，「学校は免状製造の工場にあらず」と述べる 1910（明治 43）年の記事によっても確認できる．

　毎年試験期となれば学生は試験の準備に教師は試験の採点に忙し，試験万能の日本に於ては試験来は，恰かも農家の収穫，商人の節季の如きものか．
　誠に我が日本は試験の国なり．試験万能の国なり．故に学生は試験の為めに勉強す．実力を得んが為めに勉強するに非ず．学生は講義の一時間にても少からんことを希望し，点数の一点にても多からんことを希望す．其論理上必然の結果としては彼等は講義の全然なきことを理想とし，同時に試験に満点を得んことを最大の志願とするなり．故に学校にして全く講義を開かず，試験に臨み白紙に対して満点を与うることを敢てするに於ては，学生は最多く歓迎すべきなり．（神戸 1910: 22）

　このように学生が「試験の為めに勉強す」という傾向だったのは，やはり学校の成績が採用で重視されていたからにほかならない．この論者もその点について苦言を呈している．

　重試験主義の蔓延したる原因は決して学校のみに存するに非ず．其の之を致したる罪は社会も亦之を分たざるべからず．国家は学校卒業者試験及第者

に諸多の特典を与う．会社銀行は学校卒業生に特別の優遇を与う．帝国大学卒業生は高等学校卒業生よりも，高等学校卒業生は中学卒業生よりも優等生は普通生よりも，点数多き者は其少なきものよりも高大なる待遇を受く．斯くの如きは即ち学校をして単純なる試験所たらしめて，実力の養成所，人格の修養所たらしめざる一大原因なりとす．学校にして理想状態に達したらば知らず，今の学校の試験点数を信頼し今の学校の卒業者を優遇するは実に誤りたる処置といわざるべからず．（神戸 1910: 23）

試験の高得点が良好な就職に直結することへの批判は，かなり早い時期からなされていた．「文官試験試補及見習規則」（明治20年）が行政官僚の採用を規定していた1889（明治22）年，官吏登用に関する「大学卒業生の採用法」という記事において，まさにこの点が指摘されている．

　政府は文官試験規則を発布し，帝国大学の法科文科卒業生に限り，試験を要せずして試補に任用することとなしたるより，帝国大学は全く官吏の製造場となれりとの評を蒙れり，殊に怪しむべきは，卒業試験点数平均八十五点以上は年俸六百円，七十九点以上八十五点迄は五百五十円，六十五点以上七十九点迄は五百円，落第点以上六十五点迄は四百五十円の年俸を給与すという訓令を下したるにあるなり．斯の如くなれば生徒は只管暗記能力の強きのみを専一として他を顧るの遑あらざるべし．余輩は断然斯る不都合の採用法を廃せんことを望むものなり．（『日本人』1889.8.18）

職業能力と成績が相関するという想定そのものも，しばしば批評家や実務家による批判の対象となった．浮田和民は1918（大正7）年に「根本的に改革すべき人物採用法」という論考を『実業之日本』に寄せている．

　現今実業家が其の事務員又は労働者を雇入るる手段の粗陋なること実に驚き入るの外なき次第である．先づ事務員なれば其の履歴書により，若くは学校卒業試験の成績によるのが一般である．此くの如き人物採用法は外に良法がなければ止むを得ぬ事であるけれども，実は実業経営者に於て是非とも根

本的に改めなければならぬ悪習慣と言うものである．（浮田 1918: 41）

　浮田が履歴書や成績の重視を改めなくてはならないと考える理由は，家庭背景や成績は，若者の将来を占う証拠にはなりえないと考えるからであった．

　　学校を卒業したばかりの青年に履歴などある可きものでない．親が如何なる人物であるにせよ，親の成敗を以て子の将来を卜するは決して正当の事でない．又た学業成績表などは経営者の為めにも，青年就職者の為めにも，之を焼き捨てて顧みない方が万々将来発展の為めである．特に現在の学校教育は余り効能のあるものでない．教育を受けたる者に人物が多い様に見ゆるのは人才多く学校の門に入る為めであって，人間が学校教育を受けた為に人才となったという証拠にはならぬ．（浮田 1918: 41）

　このように浮田は，学校は人的資本を増加させているのではなく，優秀な者を選抜するフィルターにすぎないと断じつつ（Arrow 1973），「業務の種類に応じ特別試験を為し，各業務の種類に適応する方法を講じなければならぬ」（浮田 1918: 42）と，業務に即した試験の必要性を述べている．
　日本銀行理事を務めた河上謹一も，神戸高等商業学校の卒業式において，成績にもとづく採用に疑問を呈している．

　　世間の卒業生採用の方法を見るに，大抵は卒業試験の点数を標準として居る有様である．即ち何点以下のものは採用せぬと云うような仕組である．私は此仕組には一向感心せぬのである．何となれば受験には余程上手下手があり，又僥倖も多い．決して夫れだけで人間の価値を定る訳には往かぬ．殊に実業界に対する資格と云えば，常識七分，学問三分位にして然るべしと思るのである．（河上 1918: 19）

つづけて河上は，成績の優等／劣等という，いわば〈学校的〉価値観を転倒させ，「浮世」が学校とは異なる「試験」が行われる世界であることを説く．

例の大学に在ては銀時計連，又商業学校に在ては之に準ずる優等生は兎角気位が高くて，期望が大きい，夫れがため振り出しの所に長く辛抱することが六ヶ敷って，直に痺りを切らして水草を遂わんとする形跡がある．然るに中処以下の輩は気位が高くないため，落付きが宜いように思われる．殊にやっと最末席で卒業したようの輩に至ては，辛抱が強いとか，信用が置けるとか，何か必ず取り処があるに相違ない．……私は茲に卒業生中にて点数不良の方々に向て切言する，点数などは今更歯牙に懸ける必要は聊かない，此迄在学中の試験は形式の試験に過ぎない，此から浮世へ飛出してからの試験が真の試験である．此試験に於ては学校の試験で最劣等であった者が，其最優の者を凌駕し得る機会であることを忘れてはならぬのである．（河上 1918: 19）

「恩寵の時計は時を計るのみならず，脳の善悪をも計る．未来の進歩と，学会の成功をも計る」（夏目〔1939〕1990: 271）といわれた「銀時計連」であっても，「浮世」においては「やっと最末席で卒業したようの輩」によって「凌駕」される可能性があるというのだ．この主張が卒業式でおこなわれた講演であり，卒業生へのエールの意味合いがあっただろうということや，「大学や商業学校の卒業生は，羽が生たように売れて行く」（河上 1918: 19）という未曾有の好況期になされたことを差し引いたとしても，このような「得点主義」にたいするもろもろの批判が現れていたことは注目しておいてよい．

　もっとも，成績にたいして否定的な評価ばかりであったというわけではない．たとえば三井銀行の秘書課長は「学校成績の良い者果して銀行事務を扱うに適するか何うかと云う事は疑問であるが，然し大多数の者は学校の成績が良ければ頭脳が明晰で，事務に忠実であるようだ」（武侠記者 1919: 35）と，一定の留保を示しながらも，職業能力と成績の相関関係を認めているのである．

　成績を重視する程度は，企業間で，あるいは企業内でさえも，分散があっただろうとも推測される．たとえば，1906（明治39）年の三井物産の支店長会議では，成績が良い者のほうがやや「進歩シタル者」と考える意見にたいして，「学校ニ於ケル優等必スシモ実業上ノニ於テモ亦優等者ナラサレハ」とか「只其席順ニノミ依ラス物産会社的ニ必要ナル資格ヲ定メ適当ナル者ヲ得ル方針ヲ採リテハ如何」という対立意見が出ている（麻島 2003）．職業能力と成績の関

連，つまり成績を職業能力のシグナルとみなせるかという点は，この支店長会議でのやり取りのように，関連ありと関連なしのあいだでゆれていた，というのがおそらくは正しいのだろう．

ただし，言葉のレベルでゆれていたとしても，採用の実践に目をうつせば，素点レベルの成績が一次的なスクリーニングとして機能していたのはたしかなようである．1918（大正7）年に当時の帝大生が採用のプロセスを以下のように報告している．

> 昨年の4月15日の実業之日本に「学校卒業生を採用するには」なる題下に広く各実業家に対して学校卒業者採用の標準に関する意見を問われた．此時集った解答——それは何づれも社長又は重役等の答えられた——を見るに大部分は学業の成績如何よりも，当人の健康人格才能特技等を以て標準とせらるる旨が述べられてあった．
> 之は学生の大部分のものにとって実に福音である．何となれば如斯くんば現在の如き試験場に於ける得点主義を棄てて，もっと広く自由に自己の好める途の考究に心を入るることが出来るからである．
> 然るに悲しい哉，事実は昨年も各銀行会社はその宣言に反した．採用を得た者は得点の高き者か，又は所謂裏口運動を巧妙に行えるもののみに限られている．
> 学生が或る募集に応じて志願書を掲出したとする．或る程度——得点の——までの学生に対しては「何月何日当社に出頭せられたし」と丁重な通知が来る．これが所謂人物詮衡試験と称する奴である．而して該限度より一点一分でも不足なる学生に対してはその所謂人物試験にすら出頭するの資格を与えられぬ．
> さればこそ，学生間の得点熱と云うものは実に恐ろしい程盛んなもので，学理の研究又は希望課目の深き研究よりも，如何にせば総得点を増すを得んかと専ら教授の好悪をのみ注意して居る有様だ　蓋し1点2点の差異が採否を決定する標準となるんだから無理もないことである．（白井1918）

この報告によれば，当時の採用は，成績による一次的なスクリーニングをし

たのちに，志望者の「健康人格才能特技等」を評価するプロセスになっていた．言葉のうえでは「健康人格才能特技等」を重視するといえども，実践の面では「人物詮衡試験」に進むためのしきい値として成績（素点）を利用しており，やはり「得点主義」ではないか，というわけである．

　大学や専門学校による学力の評価が，就職先のランクと順接していたり，「人物詮衡試験」のまえのスクリーニングとなっていたとすれば，この事実は，教育機関のスクリーニング能力にたいする企業側の信頼（trust）の存在を示唆しているといえよう．紹介の労をとる教授との面会に「自分の名刺の上に点数を書きこんでいく」という野間が挙げたエピソードは，学生の職業能力を推測するにあたって，紹介者と学校のスクリーニングを信頼するという企業側の認識を，実践という形で遂行的に示しているのである．たとえその認識が，言葉のレベルでは信頼と不信のあいだでゆれつづける，不安定なものであったとしても．

　さきほど，紹介者への信頼によって，学生にたいする評価の根拠を問い続ける基礎づけプロセスの作動が遮断されることを指摘したが，同様の考えは成績（さらには学歴）にも適用することができるだろう．つまり，成績や学歴を利用する実践の根底に学校にたいする信頼があるとすれば，学校への信頼が失われれば，成績や学歴の評価も底が抜けてしまうだろうということである．

2　成績と紹介の意味変容

2.1　「人物本位」の登場と成績の優秀さ

　戦間期に入ると，三井や三菱といった企業が「人物」を重視するようになったという論調が現れるようになる（尾崎 1967）．ある記事によると，第一次大戦中，「人格を兼備せざる単純なる敏腕に委して遣りすぎて蹉跌失敗し，其所属する会社に対して大小の損失を負わしむるに至った」という「苦き経験」のため，「所謂敏腕家なるものの危険」を三井や三菱は感じ，「人格を兼備せざる，単純なる手腕家なる者は深く信頼するに足らず，仮し才や腕が多少鈍くても誠実を基本とする勉強家の方が安心して大事を委し得ると云う結論に達した」のだという（簾月生 1923: 13）．

そして，こうした「人格を兼備せざる，単純なる手腕家」と「才や腕が多少鈍くても誠実を基本とする勉強家」を識別するために，三井，三菱，住友といった一流の企業は，採用における成績基準を下方修正しつつあるのだとこの記事は述べている．

　　従来第二流の銀行会社に於て，新卒業生を求むる場合に対して成績の中位の人を指したものであった．これは成績の優等なる卒業生は，第一流の銀行会社の為めに吸収せられ本人も亦そうした大銀行会社に就職せんことを希望した為めに依るからであろうが昨今に至って銀行会社の自衛上からそうした〔人格第一主義という〕傾向が現わるるに至った．
　　現に二井三菱の当局者が学校の成績が単に参考資料に備するに過ぎないと言って居るのを観ても，そうした趨向を語っているし，又江州新商人養成所たる八幡の商業学校の新卒業生に対し，住友を始め関西の第一流の大銀行会社商店が学校に向って特に成績の中位の卒業生をと云う注文を発したと云うのを観ても，其の潮流が如何なる方面に向って動きつつあるかを察し得るであろう．（簾月生 1923: 13）

　「成績の中位の人」が「人物」を備えているとは限らないはずであるが，それにもかかわらず「人物」が「成績の中位」と同視されうるのは，「概論すれば，成績の優等なる者は頭脳明晰なる敏腕家であるだけ，引手多数で，従って心の安定を欠き，執着心乏しく，腰すわらず，且つ又其卓越せる才能の馳せるに委せて遣り過ぐること多いが，之れに反し中流の成績の者は，他より誘引せらるること比較的少なく，従って心の安定を得て腰すわり，手腕才能の語るべきものなき為め，自ら努力奮闘心あり其遣り口又堅実を旨とする傾向があるからである」（簾月生 1923: 13）としている．その測定の信頼性はともかく，成績の基準の緩和に言及する記事は，この時期，さかんに構成されている．
　1931（昭和6）年に出版されたある書籍によると，南満州鉄道株式会社は社員採用要項において「成績ハ首位ヨリ3分ノ1以内ノ順位ニアルコト」と記載している．また，東京地下鉄道株式会社では「学校の成績の（優良なものでなくともいい）不良でないもの」（読売新聞社会部 1931:10-12）となっている．『文

藝春秋』では「今昔の感」と題して，「一点一分を争う学問の成績が公然とモノをいう」状態から「優良可なんて大ざっぱな採点方法」への変化が語られている．

　それにつけても，われらの学生時代は邪慳な待遇を受けたものだった．――何しろ，優良可なんて大ざっぱな採点方法でなく，一点一分を争う学問の成績が公然とモノをいうので，財閥と縁故の深い教授に然るべき方面へ推薦をお願いに参上しても，用心深い先生は自宅にエンマ帳を控えてござって，平均点 70 未満の奴は玄関払いを喰わせたし，独立自尊の旗風をなびかせる某大学の嘱託は，学生の持参する進物の多寡によって，就職先の斡旋にＡクラスＢクラスの差別待遇を与えたなぞと，可成り有名なデマが飛んだものだ（辰野 1935　強調ママ）

　大正中期の教育改革のなかで，各大学は成績評価を素点方式ではなく段階方式で行うようになった（寺崎 2007: 156-168）．したがって「一点の差」で優劣をつけることは，制度的にできなくなったといえる．しかし，この時期の企業は，優や甲を揃えた者ではなく「成績中以上の者」をスクリーニングするよう，学校に求めていたという報告がある．すなわち，1927（昭和 2）年に出版された中央職業紹介事務局の『会社銀行ニ於ケル学校卒業生採用状況調』によると，「詮衡方法に就ては各社行とも殆ど同様にして先づ学校に依頼して成績中以上の者を選抜し期日を定めて社行側の詮衡委員に依り面談の上人物，智識，体格等を考査し各良好なる者を採用して居る」（中央職業紹介事務局 1927）と述べているのである[6]．ほかにも，「東京及び大阪，京都，名古屋等の大都市の代表的な銀行，会社，官庁二十五等」について採用基準を調べたところ，「成績は学級の三分の一止り，これが八分通りまでの主要なる注文である」（半澤 1929: 9）など，具体的な数字は一致しないが，要求されている成績が高くないという報告は多い．資料の制約から，同じ会社の時点間比較をすることはできないが，多くの会社・銀行が，以前と比べて成績の水準を緩和させたという論調が，この時期にみられるのである．「1 点の差が，将来の運命に大関係を持つ」という野間の証言と比べると，ハードルが下がっているように思われる．

もっとも，資料を注意深く読むと，当時述べられていたのは，成績が重要でないということではなく，成績だけで学生を評価しないということであった．たとえば，東京帝国大学の経済学部長であった森荘三郎は，「その人の優等なりや否や」は「或る程度までの好成績」にくわえて「人物」を見ることでわかると述べている．

> 学力の優秀という意味は，必ずしも一番とか二番とか云う意味ではない．いま少しく複雑な内容を含めて言うのである．例えば筆記帳や教科書ばかりに嚙りついていて，点数だけ多く取って居ても，それで学力優等というのではない．或る程度までの好成績をとっていること――例えば同級生中で半分以上の成績をとって居ればそれで宜しい．それ以外には人物を見れば，その人の優等なりや否やが判るのである．（森 1933: 296）

昭和初期のある就職マニュアル書では「主要会社銀行」23 社の採用基準を掲載しているが（穴田 1937），成績の優秀さを条件として示す企業は多い．しかし，この「優秀」の意味が変容している徴候が当時の論調からみてとれるのである．「かの世界大戦中の好景気時代には……試験とは名ばかりで，学校の試験の成績の好い者は，履歴書と学校医の健康証明書とに信頼し，極めて簡単な面会で，大抵は文句なしに採用された」（諸橋 1930: 36）と別の就職マニュアル書で述べられているが，そのように回顧する視線を生むような変容が，この時期に生じていたと考えられるのである．

2.2 紹介の手段化と規範の変化

紹介の意味も戦間期に変容していった．多くの入社志望者が紹介状を集めて回る状況となるにつれて，他者に紹介を依頼する行為は，低く価値づけられる手段的実践（＝縁故）という意味を帯びてゆくのである．たとえば，安田保善社の庶務部長は，就職マニュアル書のなかで紹介状を持って来る者に低い評価を与えている．

> 知名の士の紹介状を持って来るもの，これはいけませんな．この紹介状を

持って来ることを一つの戦術と考えている向きもあるようだが，こいつあ間違いだ．紹介状を持って来る者に限って依頼心が強く，自分自身の才腕に自信のない男が多い．たとえ，自分の知人縁者に知士や会社関係の重役がいても，紹介状を持たずに，実力で，あるがままの自分をむき出しにして応募して貰いたいのです．かえってその方が委員の心証をよくする．（読売新聞社会部編 1931: 8-9）

ここで，他者による紹介は「戦術」として手段視され，「依頼心が強く，自分自身の才腕に自信のない」ことを遂行的に示す振舞いとして劣位されている．紹介者を伴うのではなく「あるがままの自分をむき出し」にして人物試験の舞台に登場することが，就職における正当的な振舞いとして期待されているのである．別の就職マニュアル書では，10名中5名の試験官が「重役や知名の士の紹介などは殆ど無視しています．凡てはこれ人物本位．公平にやっていますよ（三井物産××課長）」とか「当行は一切の縁故情実を排している．然らざれば，夥しき取引先の希望に添う事はどうしても出来ぬ（三十四銀行重役）」などと，紹介状は「無視」するという基本認識を示している（半澤 1929）．日本興業銀行の理事は，紹介状が「ただ一片の無責任な採用依頼状」にすぎず，採用者に「反感」や「反発」を引き起こすとまで述べている．

　最後に注意を要することは，「紹介」である．志願者の方では，有力な紹介状があるほど確実性が多くなると思うのは当然であろうし，また採用する方から云っても，成るべく信用の置ける身許の確かな人を採りたいのであるから，立派な人の紹介状のある者の方がいいとも考えられるが，しかし近頃のように就職難が烈しくなっては，紹介状は禁物である．何故なら，それは身許説明などの役には全然たたないで，ただ一片の無責任な採用依頼状に過ぎないからである．
　私共は採用に当って，一切の紹介状を無視することにしている．それだのに受験者の中には，いろいろな有力者の紹介状を持ってくるものがある．けれども銓衡委員は，これらの紹介状をみて，果たしてどんな心持ちになるであろうか？ つまり試験官はこれらの紹介状に接したとき，それが有力者で

あればある程，或る程度の圧迫を加えようとしているのを感ぜずには居られない．

そしてそこに多少の反感が起るのは当然である．紹介状があったから採ったと言われたくない反発もある．紹介状の威を借りて思いあがっている受験者に対する不快，或いは紹介状の蔭にかくれている受験者の実力に対する疑い等．等．いろいろなものの交った複雑な感情が動いてときとして立派な紹介状が却って禍いした例もないではないのである．

身元保証の意味の紹介状なら結構であるが，その程度のことなら後に調べても分かることである．それよりも紹介状などにたよらず，飽くまでも独力でやって見せるという意気込みで来る人に先づ委員は好意を持ってしまうことは事実である．その点から言っても，禁物となっている紹介状を持って来るのは，損なことである．（半澤 1929: 38-39）．

ただし紹介が利用されなくなったというわけではない．たとえば大阪商船の東京支店長は縁故の有効性をしぶしぶ認めている．

近年は一般に採用者の数を極めて制限し，若くは全然新しい採用を中止している所も多数であるから，そこに紹介者推薦者の有力な向き或いはまたその会社銀行の特別関係ある向きからの，よんどころない依頼によって止むを得ず採用する様な人々が多数ある様である．之等は寧ろ学校の成績とか人物だとか云うことは第二段となるわけで，之につけても何等縁故なくして単純に就職を希望する人は極めて不公平不運な地位に一層立たされるわけであるが，之も世相の一端だと思うより外はあるまい．（渥美 1926: 50）

しかし，有効な場合があるとしても，その正当性がゆらぎはじめたことは確かである．辰野九紫という記者が書いた「就職搦手戦法」という記事には，紹介の効果を問われた採用側が「一同笑って答えず」であった様子が描かれており，紹介が非正当的な手段（＝「搦手」）となった状況を端的に描出している．

この正月「実業之日本」誌上，洵に好適な就職問題座談会が開かれ，その

席上，第一相互生命，大日本精糖，安田保善社，帝国生命，三越，三菱合資等一流会社の其筋の人々を御招待申上げたそうで，二月一日号の同誌には一々御尤もな高説が述べられてある．——その中に意味深長な一節があるから拝借する．

『紹介状の効果はどれほどあるものですか．』
『各会社の内情をいえば，恐らく就職者の三分の一は紹介状のお蔭だと私は思う．皆さんはどうお考えになりますか．』
——一同笑って答えず——

　読者諸君には一向可笑しくないであろうが，列席の皆さんお歴々は例の微苦笑という奴で笑うより他に手がなかったのではあるまいか．
　一流二流の大会社銀行などには，いろいろの内規もあれば，面倒な手続の段階もあるので，重役の一存という次第にもいかないが，それ以下の小さな所へ入って来るのは，大抵のッぴきならぬ有力者からの紹介状がモノをいうのである．殊に金融に悩まされている各社の事業会社工場では，取引先の銀行関係から廻る履歴書に対しては，無審査にも等しい優先権が与えられる…と信ずべき理由は省略するが，頗る後光が輝いているものだ．（辰野 1932: 225）

　このようにみてくると，紹介の意味の変容とはつぎのようなものであったと推測される．すなわち，紹介は，入社するためにすべての学生がもつべき必要条件から，「特別関係」や「有力者」といった表現が示すような，企業にメリットをもたらす一部の子弟が利用できる特権的なシグナルとなったのである[7]．
　こうしたいわば「縁故採用を排すが如き外観の下に縁故採用が行われる」という状況にたいして，大学関係者は当然不満を漏らしている．東京帝国大学経済学部長であった土方成美は，「学生としては自分の実力で募集に応じて採用されるつもりであるのに，既に縁故者の採用が内定していると云うような場合，学生としては所謂『クサル』のは当然であり，社会全体に対して害毒を流す事は争われぬ」（土方 1935: 43）と述べている．

量的なデータによって戦間期に個人による紹介行為が減少したことを示すのは困難である．また当時の書籍のなかに，依然として就職の「依頼」に頁が割かれているものがあるのも事実である．たとえば，穴田秀男の『就職必携』（1937年）では「人に就職を依頼する場合の心得」や「就職依頼の手紙に就ての心得」の項目がある（穴田 1937; 井上 1930: 79-80）．おそらくこの時期は，紹介の意味が現代に近い形（＝独力のほうが望ましいが有効な場合もある）に変容しつつあった過渡期であったのだろう．

3　変化の背景にあったもの

　一点の差が重要だとされていた成績については，学力の「優秀」が指し示す内容がゆらぎはじめ，戦間期にはむしろ「人物」が大事であるとする論調が現れている．紹介にたいする企業の認識も変化し，けっして正当とはいえない手段となる．つまり戦間期には成績や紹介が職業能力のシグナルとしてもつ有効性に変化が生じていたのである．この変化の背景としては，学卒者を供給する側と需要する側それぞれの変化があると考えてよいだろう．

　供給側の要因とは，大学・専門学校卒業者数の増加と民間企業就職者の増加である．大正期後半から昭和初期にかけての時期は，日本の高等教育における量的拡大の時期であり，高等教育機関の卒業者数は大幅に増加した．図表1-3は戦間期における大学，高等商業学校，高等工業学校の卒業者の推移を示したものであるが，1912（大正元）年の時点で3000人に満たなかった卒業者は，昭和に入ると毎年1万人以上が卒業するまでに拡大している．とくに大学の卒業者の増加が顕著であるが，これは1918（大正7）年の大学令の制定により，公立・私立の専門学校に大学昇格の道が開かれたことを反映している．私立専門学校からは，1920（大正9）年に，慶応義塾，早稲田，明治，法政，中央，日本の6校が認可されたのを皮切りに，関西学院が1932（昭和7）年に大学昇格を果たすまでの約10年間に，合計25校の私立大学が誕生している．こうした結果，東京帝国大学の卒業者が大学卒業者全体に占める割合は，1935（昭和10）年の時点で17％にまで低下している（東京大学百年史編集委員会 1985: 534）．同時に専門学校も拡大をみせ，学校数は1920（大正9）年の106校から1935

図表 1-3　戦間期における高等教育機関卒業者の推移

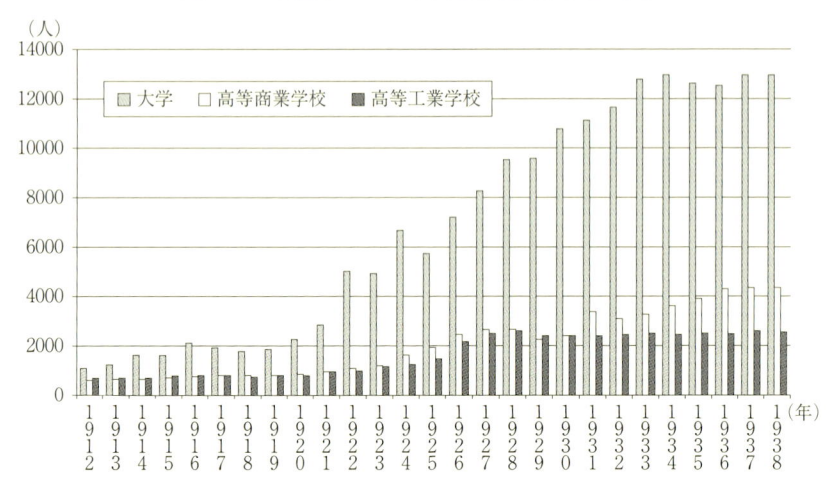

出所：文部省調査局調査課（1957）より作成．

（昭和 10）年の 183 校へ増加している（天野 1989: 273）．

　卒業者の増加に伴い就職者数も増加していった（図表 1-4）．とくに 1920 年代の増加が著しく，1920（大正 9）年の 1683 人から 1929（昭和 4）年の 5350 人へ 3 倍以上の伸びを示している[8]．こうした就職者数の増加に寄与していたのは，大学における民間企業就職者の増加である．第一次大戦頃を契機として，高等教育機関の卒業者の就職先は官庁から民間企業へと変わっていくが，唐澤富太郎はこうした傾向を「官界より会社銀行へ」という標語でまとめている（唐澤 1955: 162-163）．その内実をみると，第 1 に官立校の卒業者の進路が変化している．このことはとくに社会科学系の分野に顕著であり，帝国大学文科系学部の卒業者は，ほぼ大正時代を境として，主要な就職先が「官公吏」から「銀行会社員」へとシフトした（伊藤 1993b: 43; Kinmonth 1981 = 1995 : 259-260）．第 2 に，法文系の私立専門学校が，次第に民間企業にたいする人材供給機能を担うようになっていった．福沢諭吉が『実業論』で述べた「有限の官途に無限の人才これを容る可らざる」（福沢 1893: 14）状況において，人材の需要先は拡大する民間企業へと変化していた．そうしたなかで専門学校はその機能を変化させていったのである（天野 1989: 323）．このように官公私立の高等教育機関

図表 1-4　大学の卒業者数と就職者数

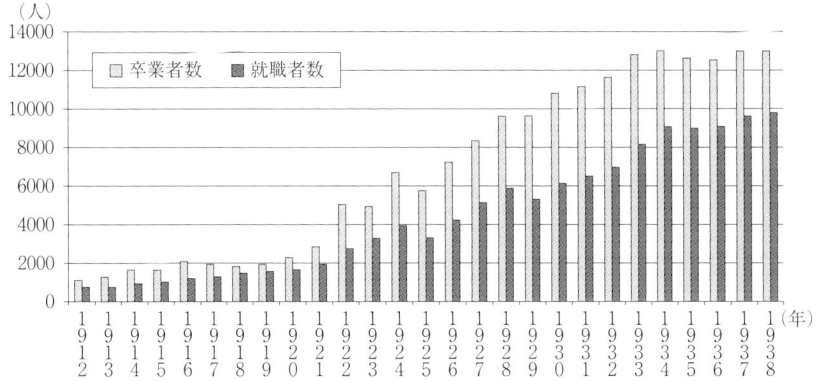

出所：文部省調査局調査課 (1957) より作成.

の卒業者の多くが民間企業へ向かう状況が生まれていた．

　紹介の意味が変容した背景には，こうした供給側の要因が大きくかかわっているだろう．学卒者に見合った仕事を提供できる企業は限られており，第一次大戦頃までは卒業後の進路を民間企業に求めることは一般的ではなく，卒業者数も比較的少ない状況であった．こうした市場規模の小ささが，社会関係を通じてマッチングを行うことを広く可能にする基本的な条件の1つであったと考えられるからである．

　採用／就職活動がごく限られた範囲の同質的な人々のつながりや交際圏に埋め込まれていた状態において，人々は，求職者が何者なのかを示すシグナルとして紹介を了解することができた．しかし，民間企業を希望する多様な卒業者が現れ，全員が紹介状を持参するといった状況になると，紹介状は求職者を区別するシグナルにはなりえなくなっていき，その意味も変容していったのではないか．

　市場規模の拡大には，供給側だけでなく需要側の要因も寄与しているはずである．同程度の価値の紹介状を多くの求職者が獲得できれば，紹介の有無で学生を区別することができなくなる．そうした条件として産業化の進展が挙げられる．産業化が進むと関連会社や社員数が増加するので紹介状を得やすくなる．場合によっては，会社関係者の紹介だけで採用枠が埋まってしまう可能性も生

まれるだろう．そうした状況では，数ある紹介状のなかでも，とくに価値の高い希少な紹介状のみが，有効になると考えられる．

つまり，紹介の意味変容の背景には，高等教育の拡大による求職者の量的な増加と質的な多様化が一方にあり，他方には，産業化に伴う紹介者の量的な増加と質的な面での選別があったと考えることができる．「Society（交際＝社会）」への埋め込みから労働市場が離陸するという変動に伴って，紹介の意味は変容したと考えることができるのである．

つぎに，成績の「優秀」の意味に変容が起きていたとすれば，その理由の1つとして，学卒者を需要する企業側の変化がまずあったと考えられる．天野が述べるように，企業という制度やその組織の仕方は「西欧からの輸入品」であって，制度や組織を作り上げる経営者や職員は，西欧の知識を教授する場である高等教育機関から次第に供給されるようになっていく（天野 2006）．近代企業の形成期において，専門が工業であろうと商業であろうと，学卒者は「専門技術者」であって，学校で学んだ技術や知識を直接産業界で活かすことが期待され，また活かすことが可能であったと考えられる．したがって，技術や知識を身につけた証拠である成績が重視されたのだと考えることができる[9]．一方，組織の近代化が完成し，学卒者が組織のなかに厚みをもって存在してくると，末端の仕事から企業に特殊な技術や知識，人間関係を学び，少しずつ昇進の階梯を上昇していく必要がでてくる（竹内 2005: 105）．それに伴い，組織が労働に要請する内容も，学校で学ぶ技術や知識だけではなく，「人柄」や「人物」といった言葉で示される領域へと拡大していくと考えられる[10]．

もちろんそこには供給側の変化も関連しているであろう．日本の高等教育制度が，人的・物的資源量や学生の選抜度が異なる多様な学校によって構成されており，どの学校であるかによって卒業証書の社会的価値が異なっていたことを考えれば（天野 2006: 206），多様な学校から就職希望者が現れる状況のもとで，異なる学校の成績を同一の尺度で比較することは困難である．そのように考えれば，高等教育の拡大に伴い，成績は以前よりも就職希望者を区別する力を失っていくだろうし，成績よりもむしろ「どの学校であるか」（＝学校歴）という学校間の差異が，採用においてより大きなウェイトを占めていったと考えられる．

注

1）天野によると，1886（明治19）年から1900（明治33）年までの15年間に輩出された卒業生数は，官立専門学校6600人，公立専門学校2400人，私立専門学校2万人，計2万9000人であり，同時期の帝国大学卒業者数3400人の8.5倍にのぼる（天野1989: 193）。「この時期の高学歴人材は，その9割までが専門学校から，また6割が私立専門学校から送り出されたのである」（天野1989: 193）。

2）100社のうち21社が，三井，三菱，住友の三大財閥本社あるいは関連会社であり，これら21社が雇用した学卒者数は，全学卒者の38%をしめていた。古河，久原，浅野など他の財閥系企業も加えると，その比率は46%にもなるといわれている（米川1994）。

3）教育界の人間が斡旋にかかわる背景の1つには，教育者と企業家との個人的な関係があったと考えられる。三菱の岩崎弥太郎と慶應義塾の福沢諭吉には親交があり，また，三菱の人材登用に大きな役割を果たした慶應義塾出身の豊川良平は弥太郎の従兄であった（宮本1999: 167）。三井物産は商法講習所から多くの人材を迎えたが，三井物産を率いた益田孝は，商法講習所の初代校長の矢野二郎の義兄であった（森川1981: 36）。

4）明治10年代の郵便汽船三菱会社の人事政策を検討した鈴木孝明は，「縁故採用か公開募集かなどを示す具体的な資料が目下のところ見当たらない」と断りながらも，雇用主と同じ出身階層や出身地の者が職員として選好されており，採用された者が簡単に社外へ移動していないという点から，「縁故採用が一般的」だったのではないかと推測している（鈴木1992: 167）。

5）この記事は「余は何人の周旋に依り又何程の月給にて初て実業界に出でしか」と題名を変えて4回にわたって掲載されており，さらに「慶應義塾先輩卒業生」と「帝国大学卒業生」に関する同様の記事が連載されている。

6）鈴木孝明は，三菱商事の『銓衡内規』（昭和4年）と，三菱鉱業と三菱倉庫の「採用条件に関する細目」の一部を紹介しているが，成績に関する箇所をみると，三菱鉱業は，履修科目のうち，優か甲に相当する評点が総数の2分の1（事情により3分の1），三菱倉庫は全科目の半数以上が80点（優またはA甲）以上の者となっている（鈴木1995: 7-8）。

7）ある就職マニュアルの「紹介状物語」という項目では，紹介状には「無理矢理に書かされた一片の紹介状」と「なるべくならば採用して欲しいというやや好意ある紹介状」，そして「是非共採用してもらいたい，その代りには当方でも屹度その埋め合わせをするという意味の推薦的紹介状」という3種類があり，試験官は紹介状の内容を斟酌していると述べられており，さらに「ある大会社の如きは，特殊な関係の立場にある有力者の紹介によって試験前に採用者を八分通り内定して置くところさえある」（半澤1929: 61-63）としている。

8）就職者数の増加は昭和初期に就職難が伝えられた法文系学生にもあてはまる。

藤井信幸は，1920年代後半から30年代初頭の就職率の悪化の背景は，卒業者の急増に需要が追いつかなかったことにあり，需要が縮小していたわけではないと指摘している（藤井 1991: 109）．
9) 竹内洋は，こうした学歴（学力）と職業能力が対応していたとする「専門技能説」にくわえて，高学歴者を採用することで組織が正統性を獲得する「正統化戦略」についても言及している（竹内 2005: 164; Meyer and Rowan 1977）．
10) キンモンスは1910年代を通じて能力よりも人柄を強調する論調が増加していくことや，入社試験で「採用側の業務に関連した専門的能力や知識が評価されたわけではなく，知的能力よりも同調性が試験されていたこと」を指摘している（Kinmonth 1981 = 1995: 250, 279）．

第 2 章

儀礼としての人物試験

1 見えないものと見えるもの

1.1 見えない「人物」

　昭和に入ると,『就職戦術』(壽木 1929),『職業と就職への道』(財部 1928),『就職と面談の秘訣』(諸橋 1930),『就職哲学』(緒方 1930),『彼と彼女は斯うして就職した』(読売新聞社会部編 1931),『就職必携』(穴田 1937) など,学生に向けて就職の「戦術」を説く書籍(以下では「就職戦術書」とよぶ)が出版されるようになる.すでに明治期から題名に「就職」という語をもつ書籍は出版されていたが[1],内容的には都市遊学案内の系譜に連なると考えられるものであり,いわゆる「知識階級」に限らない幅広い読者が想定されていたとみることができる.

　これにたいして昭和期の就職戦術書には,面接試験(「人物試験」)に関する記述に多くの頁が割かれている.たとえば壽木孝哉の『就職戦術』では,人物試験で尋ねられる質問が「特に当会社を志望した理由」「当会社に就いて知れる事柄」「自ら顧みて長所と短所と思うこと」「趣味と嗜好」「時事問題の批判」「愛読する図書の名,其の内容の一斑」の 6 点にまとめられ(壽木 1929: 43),このように分類される面接者の質問に学生がどのような応答をおこなうかについて,「質問の要点に答えよ」「学科の長短を問われた時」「趣味と嗜好を問われた時」「思想の傾向を訊ねられた時」「身体の健否を訊ねられた時」「理想抱負を聞かれた時」「家庭交友を訊ねられた時」「必要にして十分なる答弁の仕方」と,8 点にわたって述べられている(壽木 1929: 174-195).

　企業がどのような「人物」を望むかという点は,当時の読者の関心を引く話

49

題だったようであり，さまざまなところで各社の望ましい，あるいは望ましくない人物像が語られているが，企業の「注文」はじつに「多種多様」であり，また一般化を容易に許さない複雑さがあった．

　　その上で〔成績と体格のつぎに〕，「面接」と来るのだが，この場合の注文が実に多種多様である．明敏なる頭脳，常識円満——即ちバランスの取れた人．責任感の強いこと——即ち団体的共同動作が完全に出来る人，更にその人に「特技」があったら申し分ない．（半澤 1929: 9-10）

著者によれば最近は「特技」を持っていることが各方面から求められているが，「応募者はこの『特技』を履き違い〔ママ〕てはいけない」．すなわち「昔日のごとく豪傑磊落を気取り，「義太夫」が出来るとか，『斗酒なお辞せず』とかいう底〔ママ〕の見当違いの『特技』は無論不可」（半澤 1929: 9-10）であり，一時は歓迎された野球選手にも近年は飽きられてきた傾向がみえると述べられている．特技が重要だとされていても，そこに細やかな注釈が入ることで，「人物」は1つの像を結ぶことなく拡散していくのである．

　そこで就職戦術書には，一般化を志向するのではなく，個別具体的なエピソードの集積を提示するケースが見受けられる．ある書籍によると，現在，筆記試験は「新聞社及び特殊なものを除いて殆んどない」といってよく，採用方法は「殆んど大部分が口頭試験」となっているが，「口頭試験は問題という程のものはなく，その場その場の勝手な質問が多いから，特に問題集として輯めるのを止めた．その代り実話をお読みになれば，各社の口頭試験の大要がお判りになろうと思う」（読売新聞社会部編 1931: 2）と，人物試験の「問題集」ではなく「実話」集を編んだ理由を説明している．

　重役や採用担当者の意見もしばしばそのまま掲載されている．俸給生活者に関する重役の座談会や（井上 1930: 176-184），「サンデー毎日」に掲載された「現代主要な官庁，会社，銀行の人事採用担当者の意見」をそのまま掲載したり（井上 1930: 188-221）．試験を終えた採用担当者の感想が20頁にわたって掲げられたりしている（壽木 1929: 68-85）．「現代の重役や局長が如何なる人を好むかと言うことは誰しも知り度いと思う所」であるが，「重役の心理は極めて

微妙に動くもの」だから「彼等自身をして語らしむるより外に方法がない」というわけである（井上 1930: 176）．

具体性を志向していくこうしたテクストがあった一方，あくまで「人物」を端的な言葉で定義しようとする試みもあった．第1章では戦間期に入って「人物本位」の採用を企業が提唱するようになったことにふれたが，「人物本位」における「理想的人物」はたとえばつぎのように語られている．

> 人格本位——人物本位は，如何なる資質を有する者を意味するか．三菱では信用ある人，頼み甲斐ある人であると解釈して居る．三井の当局者は社員の理想的人物として人格が善し，頭も善く且つ健康なる人が欲しいと言っている．（廉月生 1923）

三井の場合は「人物」を「人格が善し」とする同語反復になっている．三菱では，「信用ある」「頼み甲斐ある」と多少は分節化しているが，そのようにしても「信用ある」や「頼み甲斐ある」という表現がどのような性能を意味しているのか，十分に理解できたとはいえまい．「人物」という概念を適切に操作化することができなければ，「人物」→「信用ある／頼み甲斐ある」→……と，単なる言い換えが延々と続くことになるだろう．昭和期の就職戦術書でも，多くの企業は「人物」や「人格」という，それ自体では空虚な言葉を用いるか，そうでなければ性格や態度を表す抽象的な表現を使用するにとどまっている（図表 2-1）．

面接者が事前に理想的な人物像を想定して面接に臨んでいるとは限らないが[2]，そうした言語化されないケースでは，応募者の手がかりはもっと少なくなるだろう．「人物」の見えなさという点では面接者の側も同様である．われわれが他者を理解する能力には限界があり，応募者がどのような「人物」なのかを企業が直接知ることは困難だからである．そこで直接観察できない「人物」を観察可能なシグナルを用いて推測する必要がでてくるのである．

1.2 見えるもの——身体と言語

対面的相互行為を行為者間でおこなわれる情報ゲームとして読み解いたゴフ

図表2-1　企業の望む「人物」の例

日本銀行	人格高潔思想穏健
三井銀行	円満なる才子にして，真面目
三和銀行	研究心に富み，進取の気象ある者
愛知銀行	品性誠実，応対接客に練達する素質あること
日本勧業銀行	人物優良，志操堅実，勤勉周到にして銀行員として適当の資質を有する者
日本興行銀行	操行善良
朝鮮銀行	人物，志操穏健，品性善良，意思堅固にして銀行員に適当する者
満州中央銀行	人物優秀なること
三井物産株式会社	特に人格の上に於て欠点なく思想穏健のものなること，可成愛嬌ありて容貌風采其他人に悪寒を与えざる様の人
浅野セメント株式会社	思想穏健，性格円満なる者，品行方正なる者
川崎造船所	真面目
東邦電力株式会社	人物優秀なる者
日本製鐵株式会社	思想堅実，品行方正
大阪朝日新聞社	思想穏健
ジャパン・ツーリスト・ビューロー	明朗なる性質
大日本雄弁会講談社	人物真面目にして優秀，如何なる困難にも不撓努力に富み当社事業を理解する熱心なる志望者
南満州鉄道株式会社	人物優秀

出所：穴田（1937: 58-67）．

マンの理論は，直接観察できない「人物」をめぐって行われる人物試験の場を解読していくために有用である．

　ゴフマンは，われわれが観察できない相手の意図を，観察できる言葉や身体によって推測しながら行為していることに注目し，そこに成立する相互行為秩序を考察した．ゴフマンの分析視角は演出論的アプローチとよばれている（Goffman 1959 = 1974: 283）．行為者はさまざまな振る舞いによって相互に影響を与えあうが，この振る舞いは演技（performance）とよばれる．複数の身体が1つの場に共在する相互行為状況を，演技者（performer）が観客（audience）の前で演技する舞台として把握したのである．ゴフマンが想定するのは，他者の意図を完全に知ることができず，観察可能な指標（index）から意図を推測し，他者に帰属するほかない行為者である．序章の議論に引きつければ，演技者と観客には互いに関する情報の非対称性があるのである．

　対面的相互行為において，人々は言語や身体などの指標によって自己呈示（presentation of self）＝表出（express）をおこない，その表出から観客は相手の印象（impression）を構成する．行為者は自分に有利な印象を与えるために，

自己呈示を操作する（印象操作）といった戦略的な行為をとることもある．また自己呈示には，自己による制御が容易なものと困難なものがあり，観察者は制御が容易な自己呈示の真正性を判断する手がかりとして，制御が困難な自己呈示を利用することがある．われわれが，「嘘をついているかどうかは目をみれば分かる」などと述べるとき，言語の真正性を身体の動きによって判断しているのである．

　『就職戦術』では面接に関連した「言語と表情」という章が設けられている（壽木 1929）．言語に関しては「最も善く人の人格，性質，品位，階級等を現わすものは談話」（壽木 1929: 196）であるとして，「面会の際の言語上の心得」や「談話の巧拙と就職との関係」について説明がくわえられている．表情については「畢竟顔面は心の影を映す反射鏡であるから人の先きに立っている採用者は一見して人の心が分からぬ筈はない．善人は採用されて，悪人は拒絶されることになる」（壽木 1929: 207）などと断言されている．そして「挨拶の仕方と態度」「音声上の注意」「面会の際の笑の利害」「相手の心を読む要領と表情」「必ず失敗する悪癖」など，仔細に考察をおこなっている．

　身体や言語による自己呈示がなされる様子を人物試験の場面から確認しておこう（読売新聞社社会部 1931）．最初は三越の人物試験である[3]．

『橋本さん！』
　重役室付の給仕に呼ばれて，かれは，三越本館六階の重役室の扉の前に緊迫する胸を押さえて立った．カチャリ！と扉のハンドルに手をかけた刹那……かれはテーブルの前に座った二重役——北田，廣田両常務——の鋭い視線がかれの全身を電光のように這いまわるのを感じた．（ははァこれは態度を試験しているのだな）都会人的なかれの第六感覚は早くも試験官の意中を察して，静かに扉を閉めて正面の二重役に一揖，悠然と，落ち着いて，何程かの微笑をその頬に用意しながらその前に進んで立った．
—かけたまえ
—は，では，ごめんこうむります．
　かれは与えられた椅子に静かに腰を下ろした．
　そこで試験が始まった．だが，その試験というのは，前日の筆記試験と全

第 2 章　儀礼としての人物試験　53

く同じことを同じ口調で質問するに過ぎなかった（おかしいな，筆記試験ですでに答えている筈だが……さては言語と音声と感じの試験かな？）橋本君の神経はまた試験官の試みんと欲する点を探りあてた．そこで彼は『ございます』『存じます』という言葉で，その答えを丁寧な，ものやわらかい調子でカモフラアジュした．2重役は更に家庭の事情を詳しく質問してから『金解禁』とか『国産奨励』とかについて聞いたがかれは知らぬことははっきりと『存じません』と答え態度を明確にして，アイマイな返事をすることを避けた．
（読売新聞社社会部 1931: 24-26　強調ママ）

入室した学生がまず察知するのは，重役の視線が自分の身体に鋭く向けられたことである．この表出を受けた学生は「態度を試験している」という印象を構成し，「静かに扉を閉めて……微笑をその頬に用意」するという身体的表出を選んでいる．さらに質問が「前日の筆記試験と全く同じ」という事実から「さては言語と音声と感じの試験かな？」と重役の関心が発話の仕方を志向していると推論する．このエピソードでは，面接者と応募者が互いの身体的表出を観察しあう身体レベルの交渉に焦点があてられており，人物試験において発話内容よりも身体が重視される状況があるというメッセージを読者に与えていると考えられる．就職のための面接で「外見と態度」が配慮されることをゴフマンも指摘している．

パフォーマーにとって重大な帰結が行動の結果として生ずるような状況内では，大きな配慮が払われることは明らかである．就職のための面接は顕著な一例である．しばしば面接者は，応募者の面接におけるパフォーマンスから得られる情報を唯一の資料にして，被面接者にとっては射程の大きな重大な決定を行わなければならない．被面接者は，通常，自分の行為の一部始終はきわめて象徴的なものとして解されていると感ずるのである．そしてそう感ずるには相応の根拠がある．そこで彼は自己のパフォーマンスに相当考慮を払い準備する．このような場合われわれに想定できることは，被面接者は自分に有利な印象を人に抱かせるのはもちろん，無難に切り抜け知らず識らずに伝えるかもしれない自分に不利な印象をあらかじめ回避するためにも，外見と態度に多くの注意

を払うであろう，ということである．(Goffman 1959 = 1974: 264-5)

　商業という業種のために身体的表出に注意が払われたという側面はあるだろうが，すでにみたように，身体を制御することの重要性は，幅広い業種を想定していたはずの就職戦術書でも説かれるところであったし，財閥本社などからも，同様の要求が寄せられていた．たとえば安田保善社の庶務部長は，「口頭試験に当っては何よりも先づ当人の態度に注意します．同じ『知りません』と答えても本当に知らないか，知ってもわざと気を引くために知りませんというか，それは長年人間を扱いつけて来た海千山千の委員たちがみるのだからすぐわかります」(読売新聞社社会部 1931: 8-9) と述べている．
　三越の事例に戻ると，じっさいに面接者の意図が「態度を試験」することにあったのか，そもそも人物試験での応答のために採用されたのかといったことは，けっして定かでないのであるが，人物試験の応答が採用に影響を与える可能性があることや，身体的表出も観察対象になりうることが，この記事が読者に了解させようとしているメッセージだといえる．
　面接者の質問意図の解読に失敗したエピソードも紹介されている．H新聞社の筆記試験に合格したある学生は「さア，どうだもう形式だけの口頭試験だウワーイ，バンザーイ」と喜ぶが，人物試験で「あっさりと落第」してしまう．

　　君はスポオツをやりますか
　―やりません
　―スポオツは好きですか
　―あんなもの大嫌いです
　―よろしい．出て行ってもよろしい
　(あれ，変だな?) と思った時はもうおそい．かれの，時代に併行しないこのうっかりした一答えで，かれはあっさりと落第してしまったのである
　(読売新聞社社会部 1931: 35-36)

　この学生は別の新聞社でH新聞社の不当性を説明し「君は飽くまで〔ママ〕新聞記者になりたいか?―はあ，どんな目にあってもやってゆきたいのです」

という応答が「100 パアセントの満足を試験官に与えて」N 新聞社に入社したと紹介されている．スポーツのくだりが意味するものを正確に理解することはやはり困難であって，健康であることの証拠であるかもしれないし，チームスポーツであれば協調性があることを示す証拠になるかもしれない．あるいは「あんなもの大嫌いです」という発話行為が，気性の激しさや寛容性の欠如などを遂行的に示すものとして解釈された可能性もある[4]．その真偽のほどは明らかでないが，発話内容や発話行為も「人物」の推測に利用されるというメッセージをこのエピソードが伝えていることは理解できよう．

このように人物試験の場は，観察可能な指標やその制御の仕方を，観察できない「人物」に関連づけるゲームという性格を帯びており，この場の参与者の言語表現や身体的挙動に，一定の制約が課されていた様子がうかがわれる．こうしてゲームの性格が了解されてしまえば，あらかじめ「人物」の定義が共有されていなくても，身体や言語を利用することで「人物」の意味づけを相互行為のなかで達成することはいちおう可能である．たとえその意味が，互いの行為を読みあう二者のあいだで，本当は一致していないのだとしてもである．

ところで，この関連づけが有効になる前提には，言語や身体が真の「人物」を伝達する透明な媒体であるという仮定が存在するはずである．しかし，言語や身体が制御可能な変数であれば，自己呈示する者には，この制御範囲を拡大し，他者のなかの自己の現れを操作する誘引が生じると考えられる．次節では，この仮定が成立せず，「人物」に関する真実と虚偽の境界が問題化される状況をみてゆく．

2　真／偽の物差しの彼岸

2.1　就職戦術への批判とその失効

『就職戦術』の出版は 1929（昭和 4）年であるが，1930（昭和 5）年の採用試験会場では早くも同書を読み返す学生が現れている．

　　東京地下鉄道株式会社の社員採用試験．各大学専門学校を今年卒業するという若人百六十余名は，おのおの緊張した気持で呉服橋際地下鉄本社の試験

場に充てたホールへ入って来た．もうサラリーマンになったつもりで，リューとした背広を一着して来た者もあれば，金ボタンの制服のままで入学試験でも受ける時のように固くなっている学生，さては『モダン語字引』や『就職戦術』をあわてて読み返しているもの，など，など，など……．（読売新聞社社会部 1931: 1）

　経済評論家の青野季吉は「大学工場から社会市場へ」と題する評論で「最近私は偶然，戦後の好景気時代に実業界に身を投じた某経済学者（？）の『就職戦術』なる講演を聴いた．その時，満堂に青年学生が満ちあふれ，生活の福音に接するような厳粛さで聴講していたのに，思わず驚嘆した」（青野 1930　疑問符ママ）と述べており，この書物が学生のあいだで好評を博していたことが推察できる．学生たちは，面接者の期待を先取りするため，事前に就職の「戦術」を身につけようとしていたのである．
　学生が「戦術」を習得することにたいして，企業は「口頭試験を受けるためにわざわざ準備をして調べて来るという際物的なものや，小細工を弄するものや，いわゆる戦術などを用いるものは絶対にとりたくない」などと不快感を隠していない（読売新聞社社会部編 1931: 2）．
　人物試験において企業のスクリーニングは学生が提示する情報に依存しているので，私的情報を操作する機会主義的な行動を学生がとると，職業能力の低い応募者を採用する可能性が高まることになる．企業の期待に沿った「演技」を学生がすると「人物」に関する正しい情報が得られなくなってしまうのである．そこで，面接者の期待に先回りしようとする学生にたいして，さらなる先回りによってこれを抑止したいという企業の思惑があったと推察される．真正なる「人物」の姿を曇らせる障害は，何としても排除されねばならないのである．
　ゴフマンは，質問にあらかじめ回答を準備していくことを「予定を立てるという技法」と呼び，それは「余り要領よく，杓子定規的に答えた」として「その答え振りで虚飾と技巧のある性格なることが観破」（Goffman 1959 = 1974: 186）されるリスクを伴うと指摘している．

第 2 章　儀礼としての人物試験　57

舞台劇の場合に認められるように，完全に台本に依存するパフォーマンスは，やっかいな出来事によって予定された台詞と所作の続きが中断されないかぎりは，非常にいちじるしい効果を挙げる．ところがひとたびこの続きが攪乱されると，予定された流れが，どこで中断されたかをパフォーマーに見つけさせる手がかりへの道を彼がもどれなくなることもあるのである．このような場合，台本に依存するパフォーマーはあまり組織立っていないショーを演ずる者よりももっと具合の悪い立場に立たされてしまうことがあるのである．(Goffman 1959 = 1974: 267)

就職戦術書というメディアの流通を前提にすると，学生が「予定を立てるという技法」を用いていないか企業はチェックせざるをえなくなる．第一銀行の常務は「書類銓衡にすると勢い成績が主になる．それでは危険だ．試験勉強をする人，平常からこつこつ熱心にやる人，成績の裏に潜む人となりを見たい」と述べるが「勉強の方法を尋ねると……理想的で完璧過ぎる答弁をする人がいる．『ハハア，先輩や銓衡にもまれて被銓衡術（？）に長けているな』と思う．なかなか準備をして来るから，うっかりすると，こっちがうっちゃられる」（半澤 1929: 33-34　疑問符ママ）と警戒を表明している．

しかし，「被銓衡術」に隠されているものを見つけようとする企業の思惑は，二重の意味で裏切られていた．1つは，企業の先回りをさらに先回りしてしまう就職戦術家たちによってであって，もう1つは企業自身の啓蒙行為によってである．

第1に，演技を否定する企業の主張は，「出来るだけ生地を出す」〈戦術〉として就職戦術書に取り込まれており，最初から失効してしまっている．

　採用者は決してコツとか，トリックとかの上手な人間を欲してはいない．却ってそういう人は拒否され易い．銓衡に際して，被銓衡者が技巧を用いていることが分れば，銓衡者はその人によい感じを持たぬばかりか，却って非常に不快な感じを抱かせるものである．而もそうした技巧は，何処か不自然が見えて，いかさまをやっていることがすぐ分るものである．それがばれたときその人の不利に導くことはいう迄もない．だから，出来るだけ生地を出

すべく心掛けなければならない。秘伝や呼吸というように，風采を除いて，正味を示すべきであってそこに本当の就職成功法がある。(諸橋 1930: 26)

　つまり，正直が最善の手だと主張する企業の先回り戦略でさえ先取り的に言及されている。「出来るだけ生地を出すべく心掛けなければならない」と就職戦術書が指摘するとき，企業が期待する〈自然さ〉はすでに毀損されていたといえるのだ。人物試験というスクリーニングの場は，素朴に措定された真／偽（＝「正味を示す」／「小細工を弄する」）の基準では判断が困難な舞台として上演されていたのである。
　さらに，「戦術」を忌避する企業が，望ましい人物像を学生に啓蒙する演出を行っていたことは，人物試験が徒手空拳では臨めない場であることを，自ら遂行的に示してしまっている。たとえば三越の秘書課長は，面接に来た学生について「第一に驚かされることは，これ等の希望者の多くは『高等学校時代から百貨店に興味を持って居た』とか，『三越は私の最初からの就職目標として居たところ，常に注意をして居た』というような人の少なくないことで，然も，これ等の人が，百貨店に関する問を設けて見ると殆ど何物をも答うることが出来」ないことだとして「応募諸君の為に一言すれば，今少し応募先の事業なり組織なりに理解を持って臨まれたいことです。漫然と，行ったらどうにかなるだろうというような態度で一生の大事に臨まないことです」と助言している（渡邊 1929）。また，東京日日新聞の小野賢一郎も「原稿を見てもすぐわかるほど，文字の使い方，文章の調子，句読，字体に不馴れで，この人は新聞を読んでいるだろうか，原稿を書いたことがあるだろうかと疑われるのが多い」といい「ノート式に書きなぐっただけでは，新聞記者たらんとする人の答案としては請取難い」と述べている。そして「受験者は答案の満点に焦っているよう」であるが「学問の試験をするのではありません」と，採用が「学問の試験」でない点に注意を促している（小野 1929）。
　演技者によい印象を与える方法を教え，同時に未来の観察者となって不適切な行動に罰を与える人々のことをゴフマンは「訓練スペシャリスト」と呼んでいるが（Goffman 1959＝1974: 185），メディアに登場する採用担当者は，まさしくこうした「訓練スペシャリスト」であったといえる。学生にとって初職に就

第2章　儀礼としての人物試験　39

くのは1回だけの体験であり，採用担当者と比べてゲームに習熟していない初心者である．そこで採用担当者には，質の高い私的情報を開示してもらうために，学生を訓練する誘引がある．

しかし学生からしてみれば，こうした企業の言葉の背後には企業の期待が隠されていると考えられるので，その期待に沿った自己を呈示しようとするだろう．演出者としての企業のふるまいは「準備」を禁じる要求と端的な矛盾を示している．このように応募者にさまざまなアドバイスをする企業は，学生の〈自然さ〉を要求するメッセージを自ら否定していたのである．

2.2 志望動機の定まらなさ

人物試験の注意点を事細かに記述していた昭和初期の就職戦術書ではあったが，質問にどう回答すべきかという点に，著者たちが明快な解を与えることはそれほど多くはなかったように見受けられる．これは1つにはおそらく，同じ回答であっても，それを評価する人としない人がいるという，単純な事実による．志望動機に関して評価の軸が異なる例を紹介しよう．「日本鋼管株式会社庶務課長某氏」は，「人物」を知るために「郷里はどこか，親兄弟はあるか，趣味は何か，雑誌は何を読んでいるか，どうして本社を志望したか，現代の思想問題に対してどう考えているか，等々」を質問し，その感想を述べている．

「どうして本社を志望したか」に対しては，
「本社は資本金が大きいから確実である．それに鉄の事業は将来有望であるから――」と，いうような答が多い．そこで私共が，
「そんならどういう点が将来有望か」と，反問すると，すっかり窮してしまう．
「本社なら間違いないようですから，学校の掲示を見てやって来ました」
と，如何にも率直に如何にも淡白に答えた人があったが，これなどは純真なその人柄がしのばれて却って好ましく思った．(壽木 1929: 78-79)

このように率直かつ淡白に答えるのを好ましく思う者がいる一方で，「人造肥料会社某氏」のように，企業に関するくわしい知識を要求する者もいる．志

望動機の解の正しさは受け手である企業に依存しており，また複数の企業が存在しているために，解が1つに定まらないのである．

「何故に人造肥料を希望しましたか？」
「人造肥料とはどういうものを造るのか？」
　此の問に答え得るもの殆どなきは遺憾に思う．苟も自己の終生を託せんとする事業に就いて何故志望したのかの答も出来ない．
　資本金も知らない．社長の名も知らない．人造肥料の名は過燐酸より外知らないというのでは，聊か心細さを感ぜざるを得ない．（壽木 1929: 82-83）

もう1つの，そしてより重要だと考えられる理由は，正直に回答することが悪手となる可能性が存在するためである．『就職哲学』では「銓衡の際の心得」のなかで「君はなぜここを希望したか」という質問を検討しているが（緒方 1930: 110-14），その筆致はやや歯切れが悪いものになっている．なぜならこの著者は，その前段で「正直に天真爛漫」という項目を立て，問われるまま正直に答えるべきである，うそや誇張は面接者に直ちにばれてしまうなどと述べているのであるが，志望動機に関しては正直に回答すると「どうも工合が悪い」からである．

　『君はなぜこの銀行を希望されましたか』，『なぜこの会社に入ろうと御考えですか』これも，否，これは大抵の場合，大抵の者が問わるる事であろう．この場合も無論正直に答うべきものであろう．さて正直にと言えば，その銀行なり会社なりは，基礎も鞏固に営業も繁昌している．そこにはいれば待遇もよかるべく立身出世が出来るという次第であろうが，まさかそんな返答は出来ぬであろう．基礎も鞏固に営業も繁昌云々まではよいかも知れぬが，待遇もよかるべく立身出世云々などは，どうも工合が悪いであろう．正直のところかも知れぬが工合が悪いであろう．（緒方 1930: 110 111）

しかし，「基礎も鞏固に営業も繁昌している．そこにはいれば待遇もよかるべく立身出世が出来る」という回答を「まさかそんな返答は出来ぬ」と感じる

心性は，おそらく普遍的なものとは言いがたい．この書籍が書かれた10年前の記事では，企業と学生の以下のようなやり取りがあるからである．

　『君はどういう理由で，此会社へ来る気になりました？理由があったらそれをお聞かせ下さい．』
　そこで僕は答えた．『理由なんて別にありません．早く何処かへ就職しなければならない境遇にありますから，そこでKさんにお願いして参ったのです．然し官吏は嫌です．会社員は最初からの希望でした．そして同じ会社でも此社のような大会社に入ることが出来ましたら，どんなに嬉しいか知れません．』（芳水生 1919c）

このやり取りは，第1章で引用した同郷の先輩である「K氏」に就職を依頼した学生と「丸の内M会社」の採用担当者のあいだでなされたものである．「官吏は嫌」とか「同じ会社でも此社のような大会社に入ることが出来ましたら，どんなに嬉しいか知れません」といった「正直に天真爛漫」な回答でも，学生は首尾よく入社しているのである．

『就職哲学』の著者はいろいろな回答を検討している．「なぜこの銀行を志望したのか」と問われて「わが国の銀行界を観るに……」と滔々と述べるのも感心しない，「私は何とかしてこの会社の危機を救い……」というわけにはいかない．「××高等工業学校の卒業生G君」は，就職難であり，家庭が貧しく，両親を養わねばならないので「なぜだの，必ずどこへ就職したいなど言っていられない」といって見事に採用された．しかし，誰もがこのように答えれば「それが当るとは言われぬ」．かといって，「そんな事は御問いになるに及ばんでせうといった風に，『えへ……』などとやっていたら大変」などの試行錯誤のすえ，最も無難なものとして提示されたのが以下の返答である．

さて，なんと返答したものであろう．例えば信託会社に就職を希望したとする．『私は信託事業に趣味を有ってをりますものですから……』ぐらいでいいであろう．そして，『信託会社ならばどこでもいいのですが，幸いに御社に御採用が願はれれば熱心に……』ぐらいでいいであろう．それから，学

校時代はどんな方面を研究しましたかとか，今までどんな本を読みましたかとか，現在わが国の信託事業に付改善すべき方面はどんな事でせうかなどと問われたならば，その時こそ正直に返答すべく，わからぬ点は，『わかりません』と答えるの外がないであろう．（緒方 1930: 113-114）

「信託会社ならばどこでもいい」はよくて「待遇もよかるべく立身出世云々」はまずいという線の引き方にも興味を惹かれるが，本書の議論で重要なのは，個人の欲望を正直に表出すると，企業が期待する志望動機として成立しないという認識である．なぜなら，志望動機が定まらない理由を，企業の複数性ではなく，個人の欲望と企業の欲望がそもそも合致しないという別の点にもとめているからである．

立身出世については数多くの蓄積があるが（神島 1961; 見田 1971; 安田 1971; 佐藤 1993 など），立身出世と組織の関係は重要なテーマであった．たとえば佐藤俊樹は，いわゆる日本的経営について，個人と組織のあいだに貢献と報酬の長期的なバランスをつくりだすことや[5]，インフォーマル組織による上位者と下位者の日常的なサービス交換によって，個人の利害を組織の合理性と一致させる必要があると述べる（佐藤 1993: 274-276）．

採用がユニークなのは，そうした組織内でのコーディネーションではなく，組織に入る前の出会いの段階での利害調整だという点である．引用した回答では，個人の欲望は，自己の立身出世という内容を消去され，企業が行う事業への興味，つまり企業の欲望への欲望にすり替えられて提示される．個人を企業に同調させ，組織の一部と化す論理だといえるが，重要なのはその論理自体というより，何かしらの関連づけの論理を要請する，個人と組織の欲望調整という問題の出現である．第5章で検討するように，個人と企業の利害をどう調整するかという点は，関連づけの論理は異なるとしても，現代の職業的選抜まで特徴づける長期にわたる問題構成だと考えられるのである．

3　見えてきた問題

戦間期以降，人物試験が相対的に重要性を帯びていった背景には，第1章で

述べた他者（紹介者）や教育システム（学校）のみではスクリーニングが不十分な状況がある．すべての企業が「人物」の評価に積極的だったというわけでもなかったようで，学校が注文した以上の人数を推薦してくるから，企業が「人間を詮衡しなければならない羽目に陥ってしまう」と述べる企業もあった（読売新聞社社会部編 1931: 1)．とはいえ，消極的か積極的かにかかわらず，他者や教育システムへの信頼によって，学生の情報を調べずに済ますという対処を取れなくなった企業は，直接，学生の私的情報を入手することに乗り出すようになる．それが人物試験というスクリーニングであった．

人物試験は，対面的相互行為のなかで，可視的な指標（言語や身体）から不可視の「人物」を推測するスクリーニングであり，企業にとっては隠されているものを明るみに出す性格のゲームであったが，第2節でみてきたように，そこには2つの大きな問題があった．

1つは，学生の機会主義的行動，就職戦術書の流通，「訓練スペシャリスト」としての企業自身の啓蒙行為によって，その学生の正確な私的情報が入手できないという問題があった．目の前の学生が「正味を見せて」いるのか，あるいは「技巧を弄して」いるのか，その真偽を決定できない状況に企業は直面していたのである．

もう1つは，個人の欲望と企業の欲望が合致しないことであって，個人と企業の利害調整問題とよびうるものである．1つめの問題が学生に「何者なのか」を開示させることにかかわっているとすれば，こちらの問題は，いわば「なぜ働くのか」という問いへの解が，企業と学生で異なる可能性が出てきたといえるかもしれない．

こうして見えてきた2つの問題の根底にはあったのも，本書のみるところでは情報の問題である．信頼の宛先となる外部の審級（他者と教育システム）に頼らない形で，いかにして情報の非対称性に対処することができるのか．戦間期の人物試験で浮上しつつあったのは，そうした課題であったと考えられる．

注
1）『立身就業　出世案内』（林 1892），『就職受験案内』（大橋 1896），『就職手引草』（伊藤 1909），『就職之秘訣』（徳岡 1910），『就職の手引き』（酒巻 1911），『最近実地踏査男女　就職立志案内』（平野・石川 1913）など．社会調査協会

がまとめた『本邦職業文献』には明治以降の職業や就職に関する書籍や統計書がまとめられている（社会調査協会編 1933）．

2）岩脇千裕は，企業へのインタビュー調査から，「理想の人材像」を事前に設定して面接で照合する「あてはめ型」選抜と，「一緒に働きたいか」「人柄がよいか」といった多義的な視点の置き方のみ指定したうえで，評価者が独自の解釈で応募者の良いところや悪いところを発見していく「発掘型」選抜という2つの類型を抽出し，両者の利点と欠点を検討している（岩脇 2009）．

3）三井呉服店時代は「主として子飼養成法を取る」（岩崎 1904: 172）としていた三越であったが，1914（大正3）年には81名の学卒者を雇用している（米川 1994）．これは商業部門では24名の高島屋を大きく引き離してトップの数字であった．

4）別の書籍では，会社の礼賛が「聞き苦し」く，競合他社を選ばない理由を滔々と述べるに至っては「片腹痛き事」だとか（壽木 1929: 82-3），「自儁式が大好き」と答えて財閥本社を落ちた名家の子弟の事例（壽木 1929: 72）などが紹介されている．

5）この考え方自体は，ラジアー（Lazear, E.）の年功型インセンティブモデルのような発想である（Lazear 1998＝1998）．佐藤の議論は，近代日本社会における自由が，自由意思を欠いた欲望の自由であるために，個人と社会（組織）を外在的に関連づける一次モデル＝論理（欲望自由主義，法の社会工学，心情の政治学，超共同体論）が要請される点を歴史社会学的に論証しようとした点に特徴がある．日本的経営の論点はそのような文脈で出されたものである（佐藤 1993）．

第 3 章

見えがくれする学歴

1 戦前期の大学・企業間取引と学歴の見え方

1.1 大学・企業間の制度的リンケージ

　苅谷剛彦は，1960年代と70〜80年代の学歴社会論（大卒就職研究）の差異を検討するなかで，2つの時期のあいだに生じた，学歴（学校歴）と職業能力の関係にたいする認識の変化を浮かび上がらせている（苅谷2010）．1960年代は「学歴イコール実力という等式」は誤っている（新堀1966），つまり学歴（学校歴）は職業能力のシグナルではないとされ，学校推薦のような企業のスクリーニングは非合理なものとみなされる．1970年代から80年代にかけては，日本企業の人事管理が考慮され，学歴（学校歴）は「潜在的可能性」としての「能力」（岩田1981）の指標だと捉えられるようになる．学歴（学校歴）は職業能力のシグナルであり，企業のスクリーニング（指定校制や青田買い）には一定の合理性が認められることになる．

　こうした研究上の位置づけの変化へのアプローチとともに，学歴（学校歴）と職業能力の関連にたいする認識の布置を，当事者の経験の水準において探求する，という課題があると考えられる．本章では，学校推薦から指定校制を経て自由応募にいたる制度変化を「縦糸」として追跡しながら，採用における学歴（学校歴）情報の様態を「横糸」として検討する．この作業を通じて，学歴（学校歴）と職業能力の関連の見え方，経験のされ方が，制度や情報に支えられながら，どのような形をとっているのかを明らかにしていく．

　1920年代にはいると，大学と企業のあいだには，企業の推薦依頼にもとづき，

大学が企業に学生を推薦する関係が確立されてくる[1]。企業は、採用人数をある程度決めたうえで、特定の学校に学生の推薦を依頼し、学校のほうでは成績や面談などによって推薦する学生を選抜する。そして推薦された学生を企業において選抜するというのが基本的な流れであった。就職・採用についての継続的・特恵的な組織間取引、つまり制度的リンケージ（Kariya and Rosenbaum 1995）が自生的に現れていたのである。

大学が就職斡旋にかかわる事例は慶應義塾がおそらく最も早く、「就職の神様」とよばれた山名次郎が、1911（明治44）年から1925（大正14）年まで、嘱託として塾生の就職の世話をしていた（慶應義塾就職部 1986; 尾崎 1967）。慶應義塾ではその後、対馬機が二代目嘱託を務めたあと、1939（昭和14）年に就職課が誕生している。

早稲田では1921（大正10）年に臨時人事係を設置し、1923年に常設化（人事係）、1925年に係から課へ昇格させている。臨時人事係は、卒業の前後3、4ヵ月設けられ、学生の就職斡旋をおこなうものであり、田中穂積は設置の背景として、卒業生の増加、他の学校との競合や景気の悪化を挙げている（早稲田大学大学史編集所編 1987: 365-366）。

明治大学でも、1924（大正13）年に人事課が設置されるとともに、有力教員・理事からなる就職委員会が組織されるなど、就職斡旋に取り組んでいる。人事課では、卒業生見込書を企業や官庁に配布し、推薦状の発行をおこなった。就職委員会では、教員や理事による銀行・会社訪問や、有力な銀行・会社の人事主任を帝国ホテルで接待、といった努力をおこなっている。学生に向けて、特別講演の催しや、委員会の教員による模擬面接も開始している（明治大学百年史編纂委員会編 1994: 170-171）。

東京帝国大学でも、1929（昭和4）年に文学部学友会が就職相談部を設置し、翌年に就職指導をおこなう人事相談会が開催されている。2年後には就職調査委員会が設置された。また東京商科大学では、企業の採用申込と学生の希望を一致させる目的で、教授で構成される就職委員会が組織されていた（大森 2000: 201-202）。

第一次大戦以降、民間企業はより多くの学卒者を採用するようになり、これまで慎重な姿勢をとっていた企業も採用に乗り出してくる。そうした企業の例

として，たとえば伊藤忠商事と安田保善社を挙げることができる．

　1914（大正3）年の時点で，伊藤忠商事には十数名しか学卒者がおらず，同じ商社であっても，731名もの学卒者が働いている三井物産と顕著な対照をなしていた（米川 1994: 7）．店員採用の大部分は，小学校卒業生を「ハジメハ伊藤家ノ縁故関係カラ，ツイデ村長ヤ学校長ノ推薦」によって採用するというものだった（伊藤忠商事株式会社社史編集室編 1969: 32）．しかし，大戦後の1920（大正9）年になると，新規採用者94名のうち「大学高専卒業41名，中等学校卒業51名，高等小学校卒業2名」（伊藤忠商事株式会社社史編集室編 1969: 82）と学卒者数が飛躍的に増加するようになる．

　明治末頃の安田保善社は学卒者を採用していなかったが，他の財閥系企業による「学校出」採用に刺激され，「練習生制度」を設置している．これは，中等学校卒業以上の者を新聞広告で募集し，学課試験と面接によって幹部候補生を養成するものであった．この制度は第三期生までつづけられたが，1920（大正9）年に中止され，翌年から高等教育機関の卒業者の「恒常的採用」を開始している（尾崎 1967: 25）．

　企業組織の拡大に伴い，庶務課や人事課などの部署が，社内の必要人員を取りまとめて，学校に推薦依頼することもみられるようになる．たとえば三井物産では，1912（大正元）年に，庶務課の一部が担当していた人事セクションを昇格させて人事課を創設し，人事課が主導となって「個別の課の予定必要人員の合計を『一括』して，最終学年在学中に『採用内定』」するようになっている（若林 1999）．日立製作所でも1920年代後半に，全国の中等・高等教育機関の新卒者の定期採用によって，上・下級職員が充足されることになっていた（菅山 1989）．

　1930（昭和5）年頃の企業の採用プロセスは以下のようなものだった．まず企業が3月1日までに学校に推薦を申し込み，採用試験は卒業試験が終了した4月1日から中旬頃におこなわれる（井上 1930: 174-175）．企業から推薦依頼を受けた学校は，条件に合致する学生の意見を聞き，採用志願書と必要書類をまとめて企業へ送る．その後，企業から学生の居所に呼出通知が届き，採用試験がおこなわれるのである（壽木 1929: 37-41）．

　学校推薦には，1人1社主義や成績を基準とした推薦といった特徴がみられ

る．まず推薦は学生1人につき1社とされていた（壽木 1929: 37）．つまり，最初に推薦された企業で不採用になった場合に，次の会社の推薦を受けることができる．そのようにする理由は，求人が少ないことと，複数の会社銀行で採用が決定すると採用辞退によって迷惑をかけることが挙げられている．学校が推薦にあたって参照した基準は（どれほどフォーマルな基準か不明であるが）成績であったと考えられる．井上靖は，1936（昭和11）年に発表した戯曲「就職圏外」のなかで，大学が成績順に就職口を探すと登場人物に語らせている．

南原　おい，起きろよ．
山本　うーん．（蒲団から顔を出して）眼はさめとる．
南原　不精な奴だな．起きろ，起きろ．
山本　（起き上がって）莫迦に元気だな．吉報でもあったのかい．
南原　吉報って？（山本の枕をして，ごろりと転がる）
山本　就職のさ．（大きい欠伸をする）
南原　よせよ．卒業した時は桜が咲いていたが，今はもう秋風が吹いているんだぜ．時節外れに今頃就職なんてあって堪まるかい．断念めろよ，いい加減に！
山本　（立上がって壁に吊してある着物を着ながら）だけど故里の親父やお袋の事を考えるとな——．
南原　笑わせやあがる．不在地主の倅のくせに！俺を見ろ，俺を．薄給官吏の御長男でも斯くの如く悠悠たるものだ．たかが一年の辛棒じゃあないか．来年になれば大学の方で，ちゃあんとしてくれる．
山本　（再び床の上に寝転ぶ）そりゃ，来年まで待てば何とかなるかも知れないが．
南原　それ見ろ．大体，今年卒業して，今年就職しようなんて了見が間違っている．そんな事を言えた義理かい．ビリじゃあないか．一番ケツで出やあがって！
山本　そうそうビリビリって言うな．自分だって大きな事は言えないぞ．ビリから二番目じゃあないか．
南原　万事承知している．だから俺は分相応な事を考えている．貴様みたい

にバタバタせん．併し，兎も角，大学では先ず俺の就職口を探し，然る後に貴様のを探す，是は順序だから仕方がない．その俺のすら決まらないのに，況んや貴様のがだ．あははは，まあ，お互いに一年のんびりと休養して来年に備えるさ．（井上〔1936〕1995: 461）

　企業の予定人員を大幅に越えた応募者を学校が推薦することもあった．安田保善社の部長は「商大，早大，慶大には毎年何名寄越してくれ，そのなかから何名だけ銓衡するといってやるが，帝大だけはそんな組織になっていないので，昨年は六百名から殺到して来た」（半澤 1929: 21）と述べており，すくなくとも東京帝国大学は「注文」以上の入社希望者を企業に送っていた．
　東京帝国大学側も「注文」以上の学生を推薦する理由を述べている．経済学部教授であった土方成美は，企業側から「極力推薦人員を学校側の方で縮小して呉れ」とか「学校当局に信頼して真によいと思うのだけを推薦して呉れ」といわれても「自分は如何なる態度を採ってよいのか相当に当惑する」と述べている（土方 1935: 40-41）．当惑する理由は，多数の学生に日常的に接触してその性格を熟知することは不可能であるし，たとえ何回か面接したところで「本人の性格を本当に捕まえ得たか充分なる自信を持てるものではない」からであるという．一部の大学では，学生数の増加に伴い，学生を熟知している教員が企業に紹介するという従来の前提が成立しなくなっている状況が伺える．土方は，成績を重視すると成績不良者をふるい落とすことになるが，就職難のなかで推薦されない学生は失業の危険が高く，彼らが浮かばれないとも述べており，成績による学内選考にも躊躇を隠さない．土方の希望は，学生自身に「就職運動」の機会を多く与え，企業によるスクリーニングに委ねるということであった[2]．

　出来る限り学生自身に多くの就職運動を試みる機会を与えたいと云う気がする．そこで，個人的に特に自分に信頼して学生の銓衡を依頼せられるような場合は喜んで之に応ずるつもりであるけれども，そうでない場合は出来るだけ，採用会社の方で銓衡して貰い度い．（土方 1935: 41）

このように候補者を選抜しない東京帝国大学はもちろんのこと，推薦された学生が企業にそのまま採用されたわけではない．学校推薦は一次スクリーニングであり，その後に企業による職業的選抜（二次的なスクリーニング，第2章で検討した人物試験など）が存在したのである．

　学校推薦という制度は，一見すると，当時における学歴（学校歴）の「擬似職業資格化」，いいかえれば，職業能力のシグナルとしての学歴（学校歴）という像を支える確たる証拠のようにも思える．しかし，学校推薦と企業の選抜のどちらに光を当てるかによって，学歴（学校歴）と職業能力という2つの焦点は異なる図柄を描くことになる．大正から昭和初期に実施された内務省（厚生省）の調査を材料としてこの点を考察してゆくことにしよう．

1.2　2つの焦点——学歴と職業能力

　第一次大戦後の好景気から一転して，1920～30年代の日本経済は長期にわたる不況期に突入する．そうしたなかで，高等教育機関の卒業者（「知識階級」）の就職難が問題化されたことは広く知られている[3]．就職困難な「知識階級」が，従来では考えられなかった職業に就くこと，「自由労働者」の群れに身を投じることがメディアで報道され，小津安二郎の『大学は出たけれど』という映画にもなった．就職戦術書の一文は，「知識階級」の就職難という現象が問題化された理由の一端を伝えている．

　　最も憂慮すべきことは知識階級が就職困難のため自由労働者の中に入り込みつつあることで，目下中等程度以上の学力を有するもので自由労働者の群に投じて居るものが東京市内のみにても三百名に達するといはれているが，之等知識階級から自由労働者の群に投じたものは過去の経験に鑑み頓に思想的に極端に左傾し社会を呪詛し，無智な自由労働者に社会主義思想を吹込み，彼等を煽動する危険あり，之が警戒防止は失業問題の対策として最も急速に考究すべき点であるとされている．（井上 1930: 82）

　ハッキング（Hacking, I.）は，社会現象が数え上げられ，「印刷された数の洪水」が19世紀初頭のヨーロッパに現れたことを指摘しているが（Hacking

1990＝1999），「知識階級」の就職・採用状況についても，内務省中央職業紹介事務局（のち，内務省社会局社会部，厚生省社会局，厚生省職業部）による社会調査が実施され，数多くの統計表を登載した報告書が刊行されている．

　学校卒業生の就職状況調査は1923（大正12）年から学校を対象として実施されており，1927（昭和2）年から会社銀行を対象とした定期採用状況調査がおこなわれている．大学・専門学校については，1935（昭和10）年度，36（昭和11）年度の資料では，ほぼすべての学校が調査されており，1937（昭和12）年度以降は全学校が調査対象となっている．調査対象企業は，学卒者を採用するような当時の大企業が選ばれていたようである．1935（昭和10）年度の『知識階級就職に関する資料』によると，定期採用状況調査は，「内地及朝鮮，台湾，樺太，満州国，大連所在の会社銀行483箇所」の昭和10年5月1日現在における社員・行員の定期採用状況を調査したものであり，「照会先会社銀行は公称資本金一千万円以上のもの（但保険会社は公称資本金一百万円以上，新聞通信社は払込資本金一百万円以上のもの）」が選ばれている（中央職業紹介事務局 1935b: 2-3）．図表3-1は調査対象学校数，図表3-2は同じく会社銀行数を示したものである．

図表3-1　学校卒業生就職状況調査の調査校数

	1923年	1924年	1925年	1926年	1927年	1928年	1929年	1930年	1931年	1932年	1933年	1934年
大学・専門学校	51	51	86	111	116	137	163	188	173	209	210	217
甲種実業学校	—	—	98	91	111	169	159	211	240	240	233	244
計	51	51	184	202	227	306	322	399	413	449	443	461

	1935年			1936年			1937年			1938年	1939年
種別	照会校数	回答校数	集計校数	照会校数	回答校数	集計校数	照会校数	回答校数	集計校数	集計校数	集計校数
大学	56	53	53	56	54	53	56	56	53	56	54
専門学校	143	136	136	145	142	135	160	148	143	117	144
女子専門学校	47	42	42	47	42	42	49	40	40	39	46
計	246	231	231	218	238	230	265	244	236	212	244
甲種工業学校	75	75	74	85	84	82	104	95	87	72	107
甲種農業学校	114	112	112	122	120	118	228	222	201	144	199
甲種商業学校	123	122	121	142	140	140	265	240	226	13	19
甲種水産学校	11	11	11	12	12	12	21	19	19	166	235
甲種女子商業学校	15	15	15	31	29	27	27	23	22	12	64
計	338	335	333	392	385	379	645	599	555	407	624
合計	584	566	564	640	623	609	910	843	791	619	868

出所：中央職業紹介事務局（1935a），中央職業紹介事務局（1935b），社会局社会部（1937），厚生省社会局（1938），厚生省職業部（1939, 1940）より作成．

図表 3-2　定期採用状況調査の調査会社・銀行数

	1927年	1928年	1929年	1930年	1931年	1932年	1933年	1934年	1935年	1936年	1937年	1938年	1939年
照会社数	250	303	—	366	477	488	481	501	483	504	569	579	567
回答社数	109	195	225	325	405	435	431	453	444	472	372	517	420
採用あり	48	110	143	160	150	197	233	272	282	305	254	369	332
回答率（回答社数／照会社数）	43.6	64.4	—	88.8	84.9	89.1	89.6	90.4	91.9	93.7	65.4	89.3	74.1
採用率（採用あり／回答社数）	44.0	56.4	63.6	49.2	37.0	45.3	54.1	60.0	63.5	64.6	68.3	71.4	79.0

出所：中央職業紹介事務局（1935a）；中央職業紹介事務局（1935b）；社会局社会部（1937）；厚生省社会局（1938）；厚生省職業部（1939, 1940）より作成.

　学校に配布された「学校卒業生就職状況調査票」の内容を確認しておくと（中央職業紹介事務局 1935b）[4]，「第一表　卒業生帰趨調」には，進路ごとに卒業生数の記載欄が設けられている．進路は「自営又ハ自家ノ業務ニ従事スルモノ」「上級学校入学者又ハ之ニ準ズルモノ」「入営者・病気中ノモノ家庭ニ在ルモノ」「死亡シタルモノ」「被雇就職決定シタルモノ」「被雇就職未定ナルモノ」「帰趨不明ナルモノ」という7つのカテゴリにわけられている．第二表では「被雇就職決定者」について，その「就職先」と「紹介経路」を記入する．就職先は「官公署方面」「学校方面」「医療方面」「実業方面」「其他ノ方面」にわかれており，紹介経路は「出身校ノ紹介ニ依リタルモノ」と「其他ノ紹介ニ依リタルモノ」の2種類に区別されている[5]．

　企業に配布された「定期採用状況調査」の調査項目についてもここでみておく（厚生省社会局 1938）．学校は「教育程度別」（大学卒業以上，専門学校卒業以上，中等学校卒業以上）に区分され，さらに事務・技術別，男女別にわけられている．そして，これら12のカテゴリにたいして，入社希望者数，採用決定数，給料（月額），手当（月額）を記入する欄がある．これとは別に，企業全体について，定期採用の時期，卒業年度の制限，銓衡方法に関する自由記述欄が設けられていた．

　学校卒業生就職状況調査は，進路，就職先，入職経路の3点について，学校の側から見えた採用結果を明らかにするものである．これにたいして，定期採用状況調査は企業の側から見たものであり，入社希望者数と採用決定数の両方が分かるため，企業側の採用プロセスについても検討することができる．学校側の結果と企業側のプロセスから見たとき，学歴（学校歴）と職業能力の関連は，それぞれどのようなものとして了解されうるだろうか．

まず，学校卒業生就職状況調査によって，採用結果（＝学校側）からの見え方を確認する．図表 3-3 は紹介経路の推移を学校段階ごとに示している．大学における「自校紹介」の割合をみると，1934（昭和 9）年から 1939（昭和 14）年にかけて，75% から 87% に上昇しており，かなり多くの学生が学校推薦によって就職していたことがわかる．専門学校と甲種実業学校の傾向も大学と同様であるが，甲種実業学校は 1934 年の時点で「自校紹介」の割合がすでに高く，中等教育レベルの学校で学校経由の就職の制度化が進んでいた（菅山 2011; 本田 2005a; 苅谷・菅山・石田 2000）．

図表 3-3　紹介経路の推移（学校段階別）

		1934 年	1935 年	1936 年	1937 年	1938 年	1939 年
大学	就職決定数	5435	6147	6141	7288	8439	9665
	自校紹介	74.8	77.5	80.3	80.2	82.5	87.3
	其他紹介	25.2	22.5	19.7	19.8	17.5	12.7
専門学校	就職決定数	9613	10752	12117	13614	11884	15318
	自校紹介	78.5	79.7	80.0	79.5	85.3	86.7
	其他紹介	21.5	20.3	20.0	20.5	14.7	13.3
甲種実業学校	就職決定数	10499	15321	18693	26898	29315	37984
	自校紹介	85.9	88.5	87.7	87.6	87.3	88.7
	其他紹介	14.1	11.5	12.3	12.4	12.7	11.2

注：1)「就職決定数」は各年 3 月の卒業生のうち就職が決定した人数．「自校紹介」と「其他の紹介」は「就職決定数」に占める割合．
　2)「自校紹介」と「其他の紹介」は，調査票の「出身校ノ紹介ニ依リタルモノ」と「其他ノ紹介ニ依リタルモノ」にそれぞれ対応．1938 年から追加された「職業紹介所の紹介」は「其他の紹介」に含めた．
　3) 専門学校には女子専門学校が含まれる
出所：中央職業紹介事務局（1935b）；社会局社会部（1937）；厚生省社会局（1938）；厚生省職業部（1939）；厚生省職業部（1940）より作成．

　大学と専門学校の紹介経路を「就職先」ごとにみると（図表 3-4），大学の場合は，1935 年時点で「官公署方面」と「実業方面」における「自校紹介」の割合が高く，これに「学校方面」と「医療方面」が追いつく形をとる．専門学校は，1935 年時点で「学校方面」と「医療方面」の割合が高いが，大学と似たような傾向である．大学と専門学校のどちらも，「実業方面」の就職決定者は，その 8 割が学校推薦であった．
　このように学校推薦による就職が一般的であり，学内選考で学業成績が重視

されるのであれば，学歴（学校歴）と職業能力を等号で結ぶ了解は，制度によって支えられているといえる．制度の自然な延長上に，いわば一次近似として，この等式が位置づけられるからである．学校推薦という制度それ自体に，学歴（学校歴）と職業能力の関連を信憑させる効果がある．それは初発の推論＝仮説にすぎず，反証可能なものであるが，学校推薦に準拠した情報（＝調査データ）の切り取り方は，学歴（学校歴）を職業能力のシグナルとみなす見方と矛盾なくつながる．つまり，制度と制度に準拠した情報が，1つの閉じた領域を完成させるのである．

図表 3-4　紹介経路の推移（学校段階・就職先別）

	大学			専門学校		
	1935 年	1936 年	1937 年	1935 年	1936 年	1937 年
官公署方面	1045	1031	1271	1916	2397	2754
自校紹介	83.4	80.2	79.9	86.2	63.4	80.5
其他紹介	16.6	19.8	16.5	13.8	21.6	19.5
学校方面	621	502	622	1198	1444	1557
自校紹介	66.7	76.1	79.4	76.9	83.3	83.6
其他紹介	33.3	23.9	20.6	23.1	16.7	16.4
医療方面	347	356	330	1542	1233	1123
自校紹介	59.4	75.6	86.4	75.7	71.0	67.9
其他紹介	40.6	24.4	13.6	24.3	29.0	32.1
実業方面	3813	4045	4875	5874	6619	7666
自校紹介	80.5	82.2	79.7	79.8	83.0	81.3
其他紹介	19.5	17.8	20.3	20.2	17.0	18.7
其他の方面	321	207	190	222	424	514
自校紹介	64.2	61.8	64.2	63.1	57.1	60.7
其他紹介	35.8	38.2	35.8	36.9	42.9	39.3

注：1）就職先は就職決定数．「自校紹介」と「其他の紹介」は％．
　　2）1934 年は該当表がなく，1938 年以降は業種別の集計．
出所：中央職業紹介事務局（1935b）；社会局社会部（1937）；厚生省社会局（1938）より作成．

では，採用プロセス（＝企業側）から見たとき，同じ事態はどのように経験されるだろうか．定期採用状況調査によって検討しよう[6]．図表 3-5 では，入社希望者数，採用者数，採用社数について，1927（昭和 2）年から 1939（昭和14）年までの推移を示している．ここから採用率（採用者数／入社希望者数）を計算して学校段階ごとにプロットすると（図表 3-6），大学卒業生の採用率は，この間，おおむね 10 〜 25％ のあいだで推移している．これを裏返せば，推薦

された者の75〜90%は採用されていないので，大学による推薦が採用を意味していないのは明らかである．学校推薦はあくまで一次的なスクリーニングに過ぎない．企業によるスクリーニングが，学校とは別の評価基準にしたがいつつ，雇う／雇わないという決定を生み出していたのである[7]．

図表3-5　入社希望者数・採用者数・採用社数（学校段階別）

		1927年	1928年	1929年	1930年	1931年	1932年	1933年	1934年	1935年	1936年	1937年	1938年	1939年
大学卒業	入社希望者数	4580	6999	6065	8003	7418	9514	13934	14406	14583	17056	11184	16661	12961
	採用者数	440	870	877	820	698	980	1429	2089	2355	2292	1929	3714	3135
	採用社数	42	87	121	111	95	147	185	217	225	246	219	320	254
専門学校卒業	入社希望者数	2187	3496	4675	4593	3340	6053	8911	9930	9666	9647	6800	11105	7341
	採用者数	353	907	901	737	499	598	1159	1763	2069	2097	1713	3970	3313
	採用社数	48	101	121	111	94	134	185	214	241	255	216	320	274
中等学校卒業	入社希望者数	1906	4584	5061	6176	6660	9487	13343	16524	19940	25691	20563	32965	27020
	採用者数	803	1982	1561	1747	1372	1804	3287	4237	5502	6316	6463	14055	15927
	採用社数	44	91	112	106	92	140	178	221	240	275	214	342	311
合計	入社希望者数	8673	15079	15801	18772	17418	25054	36188	40860	44189	52394	39103	60731	47722
	採用者数	1596	3759	3339	3304	2569	3382	5875	8089	9926	10705	10105	21739	22375
	採用社数	48	110	143	160	150	197	233	272	282	305	254	369	332

出所：1927〜34年は中央職業紹介事務局（1935a）；1935〜39年は中央職業紹介事務局（1935b）；社会局社会部（1937）；厚生省社会局（1938）；厚生省職業部（1939）；厚生省職業部（1940）より作成．

図表3-6　採用率の推移（学校段階別）

出所：1927〜34年は中央職業紹介事務局（1935a）；1935〜39年は中央職業紹介事務局（1935b）；社会局社会部（1937）；厚生省社会局（1938）；厚生省職業部（1939）；厚生省職業部（1940）より作成．

大学卒業生の採用率が低い理由は入社希望者数が多いためであった（藤井1991）．1社あたりの平均採用者数（採用者数／採用社数）をみると，企業は，大学卒業生と専門学校卒業生をほぼ同じ人数（10人前後）採用しており，採用率の違いは採用者数ではなく入社希望者数によって生じている．中等学校卒業者は，供給も需要も多く，1930年代後半には需要がさらに増加している．

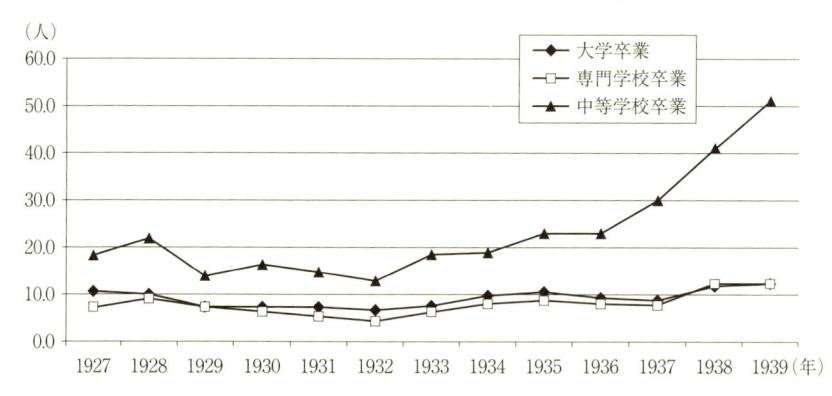

図表3-7　1社あたり採用者数（学校段階別）

出所：1927～34年は中央職業紹介事務局（1935a）; 1935～39年は中央職業紹介事務局（1935b）; 社会局社会部（1937）; 厚生省社会局（1938）; 厚生省職業部（1939）; 厚生省職業部（1940）より作成．

　大学と専門学校を事務・技術別にわけてみると（図表3-8），採用率は（学校段階ではなく）事務と技術で大きく2分されており，技術系が事務系を大きく上回っている（図表3-9）．つまり，学校推薦が採用決定につながる確率は，事務系より技術系で高かったのである．図表は割愛するが，この違いを生み出していたのも，事務系では需要にたいして供給が過剰であったためである．

　以上をまとめよう．就職の結果（＝学校側）からすると，非常に多くの学生が学校推薦によって採用されており，高等教育段階においても，学校と企業の制度的リンケージに，採用・就職が埋め込まれていたことが見えてくる．こちらの観点では，制度に支えられていることと，情報提示のあり方が組み合わさることで，学歴（学校歴）と職業能力の関連は強く信憑されると考えられる．

　その一方で，結果にたどりつくプロセス（＝企業側）の観点からは，学校推薦が採用につながるチャンスの低さや，企業独自のスクリーニングの存在がク

図表 3-8　入社希望者数・採用者数・採用社数（学校段階・事務技術別）

			1934 年	1935 年	1936 年	1937 年	1938 年	1939 年
大学卒業生	事務者	入社希望者数	12276	12956	15489	10405	15194	12045
		採用者数	1582	1797	1682	1527	2720	2522
	技術者	入社希望者数	1630	1627	1567	779	1467	955
		採用者数	507	558	610	402	994	613
専門学校卒業生	事務者	入社希望者数	7587	7482	7564	5664	8538	5704
		採用者数	1064	1291	1240	1150	2154	2192
	技術者	入社希望者数	2338	2184	2083	1136	2567	1661
		採用者数	699	778	857	563	1816	1121
中等学校卒業生	事務者	入社希望者数	14092	16971	21959	18985	26283	22028
		採用者数	3341	4122	4690	5293	9518	12385
	技術者	入社希望者数	2432	2969	3732	2178	6682	5011
		採用者数	896	1380	1626	1170	4537	3542

出所：中央職業紹介事務局（1935b）；社会局社会部（1937）；厚生省社会局（1938）；厚生省職業部（1939）；厚生省職業部（1940）より作成．

図表 3-9　大学卒と専門学校卒の採用率（事務技術別）

出所：中央職業紹介事務局（1935b）；社会局社会部（1937）；厚生省社会局（1938）；厚生省職業部（1939）；厚生省職業部（1940）より作成．

ローズアップされる．就職決定者から視野を拡げると，（推薦を受けたにもかかわらず）未決定で卒業した卒業生も存在するだろう．プロセス（＝企業側）の視点をとれば，学歴（学校歴）と職業能力は弱い関連しかないように見えるのである[8]．

　このように学歴（学校歴）と職業能力の関連にたいする認識は，その当時の制度配置と，採用における学歴（学校歴）情報の組み合わせ次第で，大きく変

わってくると考えられる．学歴（学校歴）と職業能力を2つの焦点だとみなせば，焦点の距離によって両者の関連にたいする認識を表すことができる（図表3-10）．2つの焦点が1つに重なれば円を描き，2つの焦点が離れれば楕円となる．そしてこの焦点の移動は制度と当事者が接した情報の組み合わせによって影響を受けるのである．

学歴（学校歴）と職業能力の関連への認識をこのようにモデル化したならば，戦後の学校推薦から自由応募への制度変化のなかで，その図柄はどのようなものとして描かれるだろうか．節を改めて検討していく．

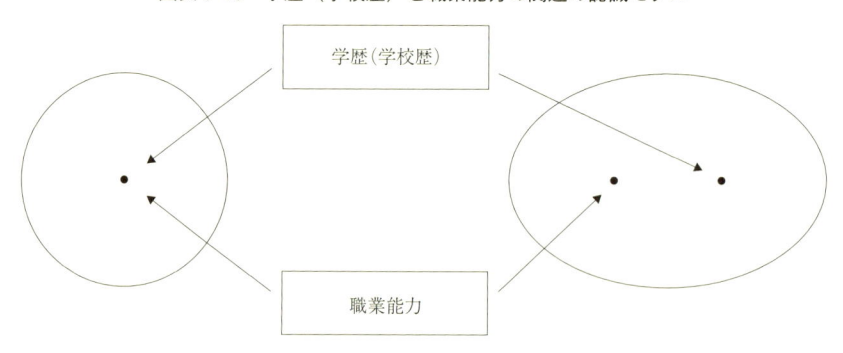

図表3-10　学歴（学校歴）と職業能力の関連の認識モデル

2　展開する制度と学歴の見え方──学校推薦／指定校／自由応募

2.1　学校推薦の制度化

1947（昭和22）年の職業安定法の制定により，職業紹介事業は基本的に国家がおこなうものと定められ，民間の職業紹介事業は労働大臣の許可を取ることが必要となった[9]．すでに見たように，戦前の大学は職業紹介機関としての側面を持っており，文部省は学校が就職斡旋をおこなうことは当然であるという見解を示していた．こうして，公共職業紹介と学校がおこなう職業紹介の関係を調整する必要が生じ，職業安定法は1949（昭和24）年に改正されるのである．

この改正のポイントは，学校を，公共職業安定所に準ずる職業紹介機関とし

て，職業安定行政のなかに位置づけることであった．学校はその「特殊性及び公共的性質」により無料の職業紹介事業をおこなうことができるとされた（文部省1951: 113）．条文としては，従来の職業安定法で想定されていた，職業紹介を公共職業安定所がおこなう方式（25条の2）にくわえて，職業安定所の業務の一部（求人受付と生徒への紹介）を学校が分担する方式（25条の3）と，学校が独立して職業紹介事業をおこなう方式（33条の2）がくわえられた（文部省1951: 14）．

中学校の多くは25条の2の方式を取り，高校は25条の3と33条の2の方式が大勢を占めた（乾1990）．大学と短期大学の多くは33条の2の方式を取った．1953（昭和28）年の文部省の調査によると，無料職業紹介事業所を設立している大学は88%にのぼり，そのうち33条の2の方式にもとづくものが93%を占めている（図表3-11）．

図表3-11　大学・短大における無料職業紹介事業所の開設状況（昭和28年）

		33条の2	25条の3	小計	開設していないもの	報告校数	大学数	回収率	事業所開設比率（%）	33条の2校占有率（%）
大学	国立	62	5	67	2	69	72	95.8	97.1	92.5
	公立	22	4	26	6	32	34	94.1	81.3	84.6
	私立	90	4	94	17	111	120	92.5	84.7	95.7
	計	174	13	187	25	212	226	93.8	88.2	93.0
短期大学	国立	2	—	2	4	6	12	50.0	33.3	100.0
	公立	17	5	22	7	29	37	78.3	75.9	77.3
	私立	88	13	101	48	149	184	80.9	67.8	87.1
	計	107	18	125	59	184	233	78.9	67.9	85.6
合計		281	31	312	84	396	459	86.2	78.8	90.1

注：1）文部省大学学術局学生課が実施した「学校の行う無料職業紹介事業所開設状況調査」の結果．
　　2）「事業所開設比率」は小計／報告校数．「33条の2校占有率」は33条の2／小計．筆者が算出．
出所：文部省大学学術局学生課（1953: 57）．

大学が33条の2の方式にもとづく職業紹介機関であるということは，各大学は，改正職業安定法の理念に従ったうえで，行政の介入から相対的に自立した形で，職業紹介事業をおこなうことができることを意味している．学生と企業を大学が媒介するという自生的な関係は，改正職業安定法によって公的に制度化されたといえる．大卒労働市場は，学校推薦という制度に埋め込まれた形

で，戦前から戦後へと引き継がれることになったのである[10]．

学校推薦における就職事務の流れは，先に紹介した戦前期とおおむね同様である（『厚生補導』75: 30-47; SJ 1973.1: 26-27）．手続きは，企業が大学に求人票を送付し，一定数の学生を推薦するよう依頼することから開始される（その前に求人票の送付を大学から企業に働きかけることもある）．学生は，掲示された求人票をチェックし，学部の担当部署に志望する企業を出願する．そして学内の委員会等でどの学生を推薦するかが決定されるのである．学内選考の基準となるのは成績である．尾崎は当時の学生新聞に掲載された「就職星取表」を紹介しているが（尾崎 1967），その内容は，優の数がいくつあればどの企業の推薦を取れるかを示すものであった．また，同時に出願することができる会社の数は制限されており，さらに先に採用が決まった企業に入社するという「先決優先」主義が存在していた．

A企業は，B大学から学生を採用したい場合，B大学の就職部に対して求人（推薦）依頼をする．たとえば法・経・商学部から各10名ずつ推薦してほしいという内容である．就職部では，それを学生に対して掲示する．これをみて，A社受験希望の学生は，就職部に対して，必要書類を提出する．受験希望者が推薦人員のワク以上になると，就職部で書類選考して人数をシボル．いわば，この段階で第一次選考が行われているわけだ．その場合，基準となるのは優の数だ．学業成績の上位者から優先順位がある．マンモス大学で数千名の学生を扱うのに，それ以外には基準がないからだ．推薦の権利を獲得すると，推薦状とともに成績証明書，卒業見込証明書などの書類が企業に送られ，はじめて受験ができる．推薦のワクは，1人で同時に3社までもつことができる．試験は一次が筆記試験で，二次以降が面接というのがオーソドックスなスタイル．試験に合格すると，企業から，本人と就職部の両方に同時に連絡がいく．ここで，"先決優先"主義がものをいう．1社に合格すると，他のいっさいの推薦ワクは，とり消される．したがって，以後大学からは推薦状はでないのはもちろんのこと，それ以降の受験は許されない．また同時に2社合格すると，たとえ1時間の違いでも，先に合格通知が来たほうの会社に行かされる．後に連絡が来た会社のほうが，第一志望のところ

であっても先決優先なのである．重複内定など，もってのほかなわけだ．以上のように，就職部というルートが確立していたために，学生と企業の間に，一定の秩序が保たれていた．（SJ 1973.1: 25）

こうした学校推薦の仕組みには，企業からすればスクリーニングコストの節約になるというメリットがある（Kariya and Rosenbaum 1995）．企業による大学の指定と大学による学生の選抜という二段階抽出により，企業は，志望者全体から選ばれた標本を対象に，スクリーニングをおこなえばよいからである．ただし，大学のスクリーニングが十分でなければ，偏りのある標本になってしまうおそれもある．その意味で学校推薦はエージェントである大学のスクリーニング機能にたいする信頼にもとづく制度であった[11]．

しかしながら，大学が学生と企業を媒介する学校推薦は，企業と学生が直接やり取りする自由応募に，次第に代替されていく．その背景の1つとなったと考えられる，大学・大学生数の量的拡大やそれに伴う質的な多様化について，ここで簡単に確認しておきたい．戦後の大卒労働市場の特徴をその供給側から

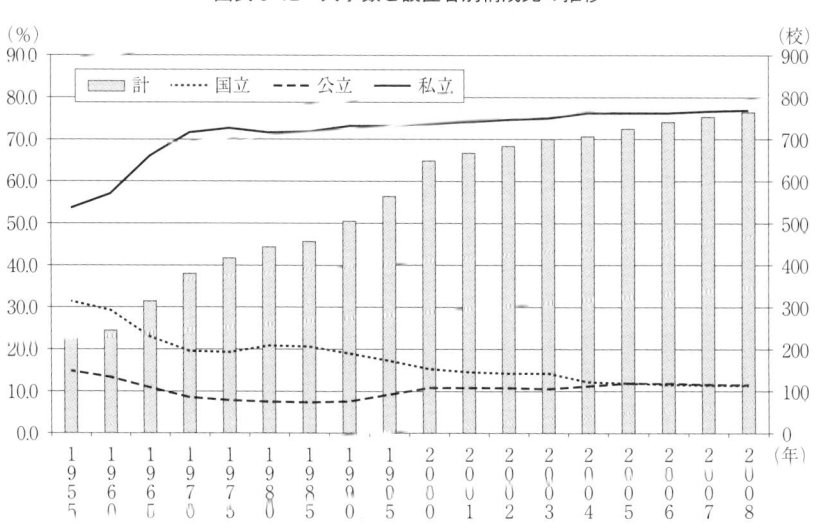

図表3-12 大学数と設置者別構成比の推移

出所：文部科学統計要覧（平成21年版）より作成．

概観すると，私立大学の増加，女性が男性にキャッチアップしていく進学行動，社会科学専攻の多さが挙げられる．

最初に挙げるのは大学の増加である．1955年に228校だった大学は，75年には420校，95年には565校と一貫して増加した．その拡大をもたらしたのは私立大学である．戦前期における高等教育の拡大も私立学校によって支えられており，すでに1955年の時点で半数以上の大学が私立大学であったが，これが戦後も一貫して増加していく．とくに1955年から75年の20年間の伸びが大きく，この間に20%近く上昇している．結果として，2008年の時点で全大学の77%が私立大学となっている．

大学進学率には，1960年代から70年代，80年代後半から2000年代と2度の上昇期があるが（図表3-13），60年代から70年代の進学者の多くは男性であった．1965年から75年にかけて，大学進学率は12.8%から27.2%に上昇しているが，この間の男性の進学率が20.7%から41.0%へと同年齢人口の半数に迫る勢いなのにたいして，女性は4.6%から12.7%と同年齢人口の1割強にすぎない．

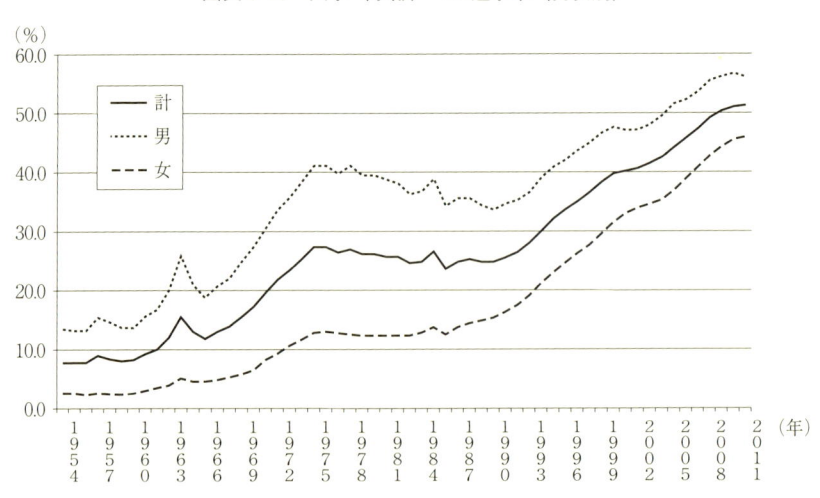

図表3-13 大学（学部）への進学率（男女別）

注：大学学部入学者数（過年度高卒者等を含む）を3年前の中学校卒業者及び中等教育学校前期課程修了者数で除した比率．
出所：文部科学省長期時系列統計より作成．

1980年代後半以降，大学進学率は再び上昇していくが，このとき大きく増加したのが女性の進学者である．入学者に占める女性の比率は，1970年に18.6%だったが，1990年30.2%，2010年43.3%と40年間で約2倍になっている（図表3-14）．1970年時点で進学した女性には教員になる者が多かったが，

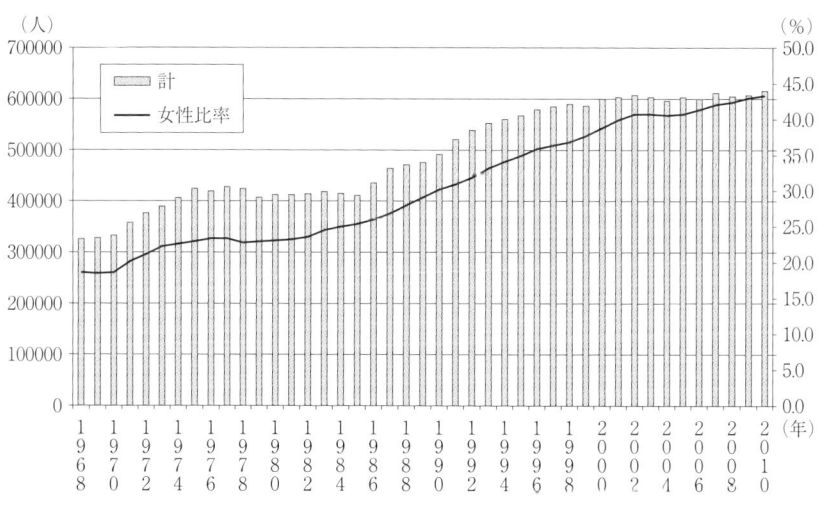

図表3-14　大学入学者数と女性比率

出所:『学校基本調査』各年版より作成.

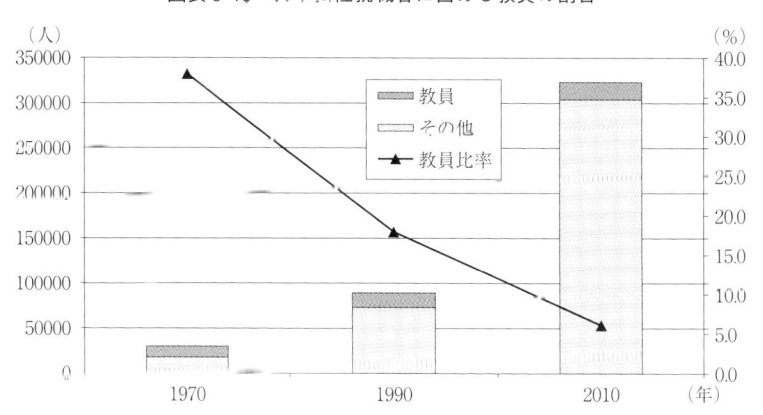

図表3-15　大卒女性就職者に占める教員の割合

出所:『学校基本調査』各年版より作成.

進学率の上昇とともにこの傾向も大きく変化している．就職者の職業構成を見ると，就職者に占める教員の比率は，1970年には35%を超えていたが，1990年には15%，2010年には5%程度にまで低下している（図表3-15）．

大学生の多くは社会科学系の学部に進んでいる．図表3-16は大学入学者数とその分野構成比の推移である．社会科学系の入学者は2000年代に入って減少傾向にあるが，それまでつねに40%前後で推移してきた．図表は割愛するが，1980年代半ば以降の女性進学率の増加は，社会科学系の入学者の割合の拡大と軌を一にしており，この間の女子大学生の多くが社会科学を専攻する学生である．

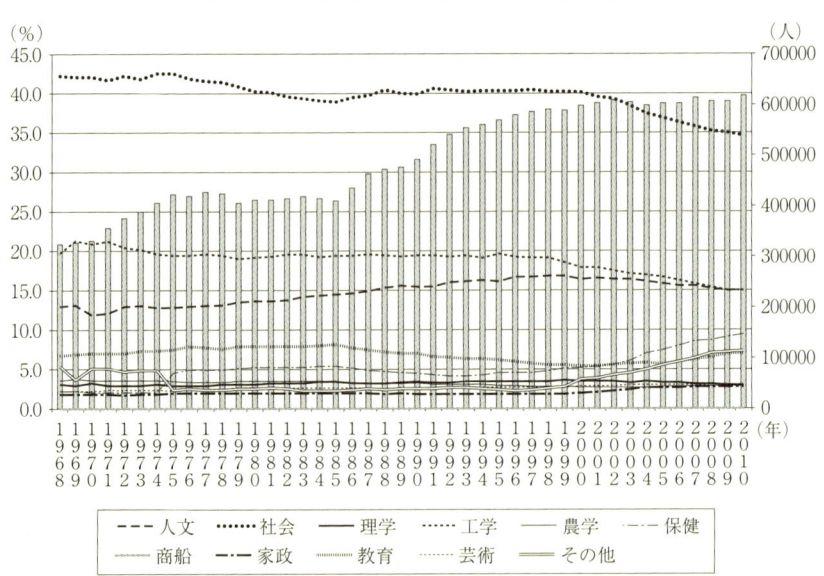

図表3-16 大学入学者の分野別構成比（男女計）

出所：『学校基本調査』各年版より作成．

2.2 指定校と自由応募

昭和30年代以降，大卒者にたいする需要が高まっていくが，それと並行して，学生と企業のあいだで，大学就職部を経由せずに直接やり取りする傾向が生まれてくる．

当時の新聞はこうした現象を，企業による「スカウト」，学生からの「売込み」といった言葉で表現している（朝日新聞1959.9.9）。東大法学部のある学生は，4年生の前期に，学内で開催された証券会社の会社説明会に参加したところ，住所と氏名を書かされた。すると，7月半ばに会社から誘いの葉書が来たので，指定された学士会館に行ってみると，そこには東大生ばかり20名が集められている。洋食を食べ，ビールを飲みながら会社の説明を受けたあと，「10月に行われる本社の試験をぜひ受けていただきたい。ご希望の方は申出てほしい。"内定者"として扱う」といわれている。こうした「スカウト」行為は，もともと「理科」に存在していたものが「文科」にも及んできたものと朝日新聞の記事では見ている。逆に，学生が会社を訪れる行為が「売込み」である。企業は会社説明会で学生に直接会社を訪れることを勧め，大学でもそうした行動を奨励していた。この「売込み」は，その後「会社訪問」として制度化され，自由応募のもとで就職活動の一部に組み込まれていく。

　図表3-17は，2005年に実施されたSSM調査のデータによって，大学・大学院の卒業者について，初職に就く際の入職経路を出生コーホート別に示したものである。これを見ると，「学校経由」は1935～44年生まれの52%をピークとして減少傾向にあることがわかる[12]。増加しているのが「直接応募」である。とくに1965～74年生まれから増加しており，1975～84年生まれでは，「学校経由」を抜いて最も多い入職経路となっている[13]。

図表3-17　大学・大学院卒者における初職への入職経路

	1935-44年	1945-54年	1955-64年	1965-74年	1975-84年
家族・友人	50.0	19.4	20.5	13.2	11.6
学校経由	52.0	42.2	43.7	36.5	32.6
直接応募	9.6	18.9	18.7	34.2	42.0
その他	10.8	16.5	13.4	12.8	12.3
複数回答	1.6	2.9	3.7	3.4	1.5
計	125	206	268	266	138

注：初職が被雇用の者を集計。移行経路のカテゴリ分けは香川（2008）を踏襲。ただし複数回答を別カテゴリとして集計。
出所：2005年SSM調査データより算出。

　学校推薦と違う自由応募の特徴は，大学が一次スクリーニングをしないこと

である．学校推薦が学内選考によって応募者を絞り込むのにたいして，自由応募ではそれがないので，応募してくる学生（いわゆる「採用母集団」）は増加する．ただし，すくなくとも1970年代は，自由応募といっても，企業は応募時に特定の大学（・学部・学科）を指定することが多かった．これが指定校制である．指定校制では，企業側が大学（学部・学科）を指定して求人するが，大学による選考のプロセスをふまず，指定した大学（学部・学科）の応募者を企業の選考対象とする．

1970年代の自由応募は，大学（学部・学科）を問わない「完全自由公募」ではなく，それらを指定した「指定校内自由公募」が一般的であった．当時の『就職ジャーナル』では，学生に向けて以下のような説明をしている．

> すべての大学・学部・学科にまったくオープンな完全自由化というと，まだその段階まではいってはいない．指定校内自由応募というのが，大手企業のとっている一般的方法だ．つまり，○○大学の学生であれば誰でも結構，というやり方である．昔のように就職部で一次選考をして，人数をシボるという過程をはぶいているわけだ．(SJ 1973.1: 27)

指定校内自由応募では，特定の大学のみに自由応募で試験することを伝える，というやり方を取っていたようである．同号の座談会で，大和証券の採用担当者は，自社の手続きを次のように説明する．

> 要するに推薦依頼は大学に出しておく．ことし〔1972年〕の場合は2月ごろに送りました．それで，「学校のご推薦を受けられる以前については，自由公募で試験をしたい．したがって説明会等の掲示を合わせてお願いするとともに，そういうご便宜をはかっていただきたい」という依頼はしています．全大学にだしているわけではないので，ある意味では指定校的な印象を与えるかもしれませんが，しかし，誰にでも受験のチャンスは拒否しませんから，公募制はとっているわけです．(SJ 1973.1: 39)

三菱商事の担当者は，この発言に「そういうニュアンスは，どこでもだいた

い同じ」としたうえで,現時点では「指定校内自由公募」が一般的であって,これが「完全自由公募のワンステップ手前」の段階だと述べている（SJ 1973.1: 39）.指定校の範囲は広いとされたり（三井銀行），指定校以外の学生も選考対象とする（第一生命）など，実態としては「自由応募に近い」と表明されていた（SJ 1973.1: 39）.

指定校制の存在は1980年代頃まで広く社会的な関心を集めていた.文部省が実施した「新規学卒者の採用及び就業状況に関する調査」では，民間企業の新規学卒者の求人および応募者受け付けの方針について調査をおこなっている.この調査は，「学歴偏重の社会的風潮を是正するために，新規大卒者の就職における排他的指定校制の実態を中心に，企業における学歴評価等の実態を把握する目的で，文部省が初めて行った調査」という位置づけを与えられており（大学官房調査統計課 1978: 84），1970（昭和45）年から数回おこなわれたものである[14].

求人方法を図表3-18から確認すると，学校推薦を利用する企業（「学校推薦による募集のみ」と「学校推薦，一般公募併用」の合計）は，1970（昭和45）年度で，事務・販売系で72％，技術系で80％にのぼる.「学校推薦による募集のみ」の企業は技術系に多い.

図表3-18 新規大卒者の求人方法

区分		学校推薦による募集のみ	一般公募	学校推薦，一般公募併用
事務・販売系	昭和53年度	32.8	28.3	38.9
	50	38.3	23.8	37.9
	45	36.5	27.6	36.0
技術系	昭和53年度	46.7	20.3	33.0
	50	49.8	18.7	31.5
	45	49.9	17.3	32.8

注: 1) 比率は，新規大卒者の採用活動を行った企業数を100とする比率である.
2)「一般公募」とは「学校推薦による募集」以外の募集方法をいい，たとえば，新聞・雑誌などによる求人等である.
出所：大学官房調査統計課（1978: 84）.

もっとも，さきほど引用した採用担当者の発言のように，学校推薦を利用する企業でも，推薦を依頼していない大学の学生からの応募を受け付ける場合が

ある．調査ではこうした応募者受け付け方針についても明らかにしている（図表3-19）．1970（昭和45）年度をみると，「卒業大学によって受付け制限をしない企業」が，事務・販売系で90％，技術系では80％である．つまり，学校推薦を利用する企業が多いものの，推薦を依頼していない大学の学生の応募を排除していない企業が多い．このように，当時の指定校制を応募プロセスから見ると，すべての大学の学生に開かれていたように見える．もっとも，学校と企業の関係は，学校推薦とくらべて一段見えにくくなっている．だからこそ見えにくいものを見るために，このような社会調査が必要とされ，情報提供がなされたのである．

図表3-19　新規大卒者の応募者受け付け方針

区分		卒業大学によって受付け制限をする企業（類型：1）		卒業大学によって受付け制限をしない企業（類型：2）
		計	うち，推薦を依頼した大学の卒業者のみを受付ける企業	
事務・販売系	昭和53年度	7.3	6.1	90.4
	50	10.0	9.4	87.8
	45	10.0	8.2	89.1
技術系	昭和53年度	17.6	14.8	81.7
	50	18.0	14.5	80.5
	45	17.8	14.2	80.0

注：応募者受付け方針が未記入の企業があるため，類型：1と類型：2の比率の合計は，100％を下回る．
出所：大学官房調査統計課（1978: 84）．

2.3　推薦依頼と内定の大学間格差

　1970年代前後の『就職ジャーナル』では，学生に向けて，推薦を依頼した大学と内定者の出身大学についての2つの企業調査の結果が掲載されている．推薦依頼プロセスと内定結果のそれぞれにおいて，採用における学歴（学校歴）の有用性はどのように認識されうるのか．誌面にも目配りしながら，2つの調査データを利用して検討しよう．

　1つめのデータは1971年2月号に掲載された「有力300社推せん依頼校」である．これは「全国の一流企業500社」を対象とした大学への推薦依頼状況

調査の結果である．誌面では，以下のように，指定校の知識が就職活動の「必須情報」であるとして，その結果に多くのページがさかれている．

　「やはり，指定校のカベは厚かった」！　一流企業にアタックしたが，いわゆる"一流大学"でないがゆえに断わられ，無念の涙をこう語った先輩も多い．
　きみは，有名企業に"指定校"の制度があることを知っているか？　きみの大学はどこの会社に指定されているか？
　これは就職活動を目前に控えたいま，本誌がおくる必須情報．この調査をとくと御覧いただいてから戦線に挑まれたい．（SJ 1971.2: 16-7）

　回答を得た298社のうち「公表してよい」とした252社が掲載されており，「依頼校」があるのは186社である[15]．大学は65大学が掲載されている[16]．結果を伝えるページは，企業と大学の行列になっており，企業と大学のペアにたいする「推薦依頼の有無」や，その企業の「依頼校数」（65大学以外も含めた依頼校総数）などが記載されている．
　最初に，186社の平均依頼校数を確認すると47.9校である．学校基本調査によると1971年の大学数（国公私立計）は389校であるから，これらの「有力」企業では，ごく一部の大学しか「依頼校」になっていない．
　つぎに，65大学を選抜度によってグループ分けして，推薦を依頼する企業数を比較してみる．グループは，旧帝国大学に一橋大学，早稲田大学，慶應義塾大学を加えたグループ1，旧帝国大学と一橋大学を除く国立大学であるグループ2，公立大学のグループ3，早稲田と慶應を除く私立大学のグループ4という4つのカテゴリとした（図表3-20）．「推薦依頼の有無」は，文科系学生のみ，理科系学生のみ，文科系・理科系両方と，対象が区別されているが，1つでも該当すればその大学への推薦があったものとカウントした．
　このように作成したデータ（「推薦データ」）について，大学グループ別に平均推薦依頼企業数を比較した結果が図表3-21である．これをみると，選抜度が高いと考えられるグループほど，推薦依頼企業数が明らかに多い．つまり，調査に回答した「有力」企業において，指定校となっている大学は全大学のご

図表3-20　大学グループの内訳

グループ	設置者	大学名	グループ	設置者	大学名
1	国立	北海道大学 東北大学 東京大学 一橋大学 名古屋大学 京都大学 大阪大学 九州大学	3	公立	東京都立大学 横浜市立大学 名古屋市立大学 大阪市立大学 大阪府立大学 神戸市立外国語大学 神戸商科大学
	私立	慶應義塾大学 早稲田大学	4	私立	東北学院大学 獨協大学 青山学院大学 学習院大学 国際基督教大学 上智大学 成蹊大学 成城大学 中央大学 東海大学 東京経済大学 東洋大学 日本大学 法政大学 武蔵大学 明治大学 明治学院大学 立教大学 國學院大學 同志社大学 立命館大学 関西大学 関西学院大学 甲南大学 近畿大学 西南学院大学 福岡大学
2	国立	小樽商科大学 群馬大学 埼玉大学 千葉大学 東京外国語大学 東京農工大学 東京教育大学 東京工業大学 電気通信大学 横浜国立大学 信州大学 静岡大学 名古屋工業大学 滋賀大学 大阪外国語大学 神戸大学 和歌山大学 岡山大学 広島大学 九州工業大学 長崎大学			

く一部であり，大学の選抜度の違いによって推薦依頼企業数に違いがある．

　誌面での伝え方はというと，「強まる自由公募への動き」や「"指定校制度"弱まる傾向に」など，指定校制であっても受け付け制限をしていない企業の多さなどから，個人と企業の結びつきの強まりを強調しつつ，しかし一方で「やはり比重の高い過去の採用実績」や「会社訪問も徒労に終わる」など，大学と企業の結びつきの強さも無視することができない，という両義的な姿勢であっ

図表 3-21　大学グループ別・推薦依頼企業数の平均値

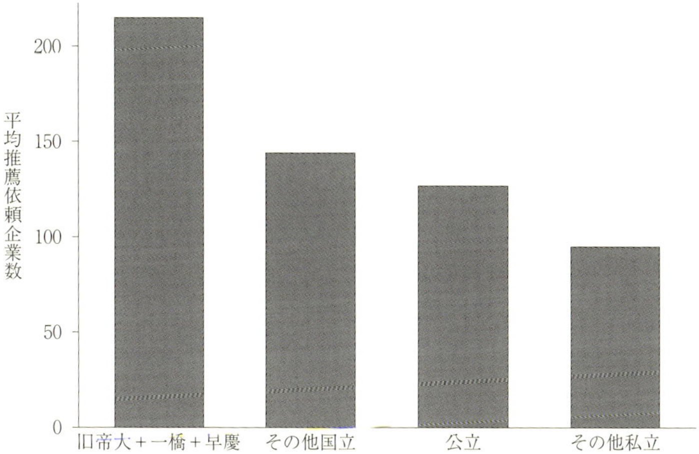

た．
　この両義性は，情報（＝調査結果）のどの部分に光をあてるか――「依頼校数」か，受け付け制限か――に依存している部分とともに，当時の制度が両義的な状態であったことも理由の1つであろう．当時は「指定校内自由公募」，つまり，指定校制と「完全自由公募」という2つの制度の過渡期にあった．指定校制であれば「学校を指定しているのだから，学歴（学校歴）が重視される」という推論が，自由応募であれば「自由応募と言っているのだから，学歴（学校歴）は関係ないはずだ」という推論が成立しやすい．その推論は，制度そのものから導かれる初発の仮説であり，情報によって棄却可能なものだが，この調査結果では白黒つけるには至らなかった．調査結果は制度の輪郭を正確になぞっていたわけである．
　採用活動の結果はどうだったのか．同年9月号では「どこの大学からどの大学にはいったか？」と題して「大手300社来春大学卒内定者の出身校別ランキング」が掲載されており，推薦依頼と内定の関連を，ある程度推し量ることができる．このランキングは，同年7月に行われた企業調査（対象384社）の結果であり，企業別に，77大学ごとの内定者数や，各企業の内定者総数（77大学以外も含めた依頼校総数．文理別）などが掲載されている．さきほどの「推薦

データ」に含まれる大学と企業（62大学, 182社）を抽出したデータ（「内定データ」）を作成して検討してみよう．

最初に，全大学を対象とした内定者総数のうち，この62大学の内定者数が占める割合（内定者占有率）は65.7%であった．調査対象企業では内定者の過半数以上を62大学の学生が占有しているということである．

つぎに，大学グループごとに平均内定者数をプロットしたものが図表3-22である．この図からは，最も選抜度の高いグループ1の内定者数が突出していることが明らかである．グループ1の平均内定者数約500人にたいし，その他のグループの平均内定者数は100人前後にとどまっている．

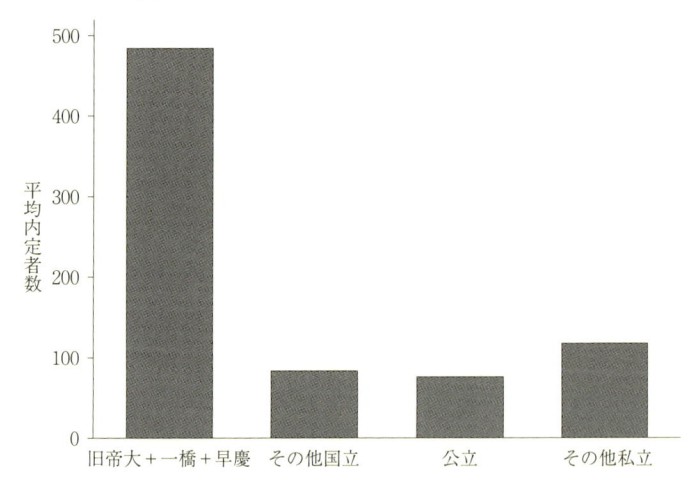

図表3-22　大学グループ別・内定者数の平均値

『就職ジャーナル』に掲載されたデータの分析は，調査対象企業を越えて一般化することができない性質のものだが，読者にたいして社会的現実を構成する機能をもつとはいえる．その現実とは，応募プロセスと内定結果，とくに結果における学歴（学校歴）と企業の結びつきの強固さである．それは，同時期におこなわれた文部省の調査が，応募プロセスにおける両者の関連を低く見積もっていたのにたいして，非常に対照的な見え方であった．

このように1970年代の『就職ジャーナル』は，企業のスクリーニングと学

歴(学校歴)の結びつきを読者に向けてかなり主題化していたわけだが，1977年を最後に，大学間の就職機会の格差の記事は，誌面から姿を消していくことになる[17]．

3 見えがくれする学歴の現在

　濱中淳子は，学歴の効用をめぐって，実態面での大卒の効用増加と意識面での消極評価というギャップが生じていることを指摘し，このギャップを説明する仮説を，認識社会学の観点から提示している（濱中 2013）．
　その仮説とは「効用低下の実体験」（実態として効用低下を経験した世代の体験が持続的な影響を与えていること）と「妥当な試金石の欠如とメディアの影響」（売り手市場だった過去と比較し，暗い話題が強調されること）である．実態と情報の落差（実態と異なる情報が流通していること）に注目した濱中の視点にたいして，本章は2つのタイプの情報の落差と制度の効果に着目した視点だと整理することができるだろう．
　ここまでの検討をふりかえり，職業能力のシグナルとしての学歴（学校歴）の経験のされ方について改めて考えてみると，学歴（学校歴）の見え方は有用（A）と無用（B）という2つの極を移動しており，（図表3-10のモデルでは円がA，楕円がBに対応する）その移動を支えているのは，学歴（学校歴）と職業能力の関連に関する2つのタイプの情報（強い＝A／弱い＝B）と，学校推薦や指定校，自由応募といった制度そのものに根拠をもつ推論（「一次近似」や「初発の仮説」とよんできたもの）である．そのように考えてきたことになる．
　本章で明らかにしてきたところでは，1920・30年代の内務省（厚生省）のデータでは，学校調査から就職結果を見ると，学校推薦による就職率の高さが認識されるが（A），企業調査から採用プロセスを見ると，企業のスクリーニングの強さが強調される（B）．また，1970年代の指定校に関する調査では，文部省調査から応募プロセスを見ると，学校とは関係なく応募できることが認識されるが（B），就職情報誌上の企業調査によって内定結果を見ると，学校と企業の強い結びつきが現れる（A）．情報の切り取り方の問題に過ぎないともいえるが，学歴（学校歴）と職業能力の関連の認識にとっては，その切り取

り方がおそらく問題なのだと思われる．アクセスできる情報次第で学歴（学校歴）の見え方は大きく変わってしまうからである．

　制度自体に根拠をもつ推論は，「自由応募と言っているのだから，学歴（学校歴）は関係ないはずだ」というように，学歴（学校歴）と職業能力の関連について，初発の仮説を用意する．別種の情報に接しなければ，学歴（学校歴）の有用性にたいする当事者の認識は，制度が発するメッセージをそのままなぞるものになるだろう．つまり，制度は一次近似として，学歴（学校歴）に関する社会的現実の構成にかかわっているのである．

　このように，採用における学歴（学校歴）は，制度と情報の配置に支えられながら，図と地の反転によって，見えたり隠れたりするあの図形のように，〈見えがくれ〉する形で当事者に現前しているのである．

　この構図は現代においても容易に見出される．たとえば，学生が利用しやすい就職マニュアル書でも，学校歴は有用と無用のあいだを揺れている．一方には「多くの学生が，自分の通っている大学や大学院の名前を必要以上に気にしている」が「実際は，企業が採用の合否を決める要素としては，『大学・大学院名』はそれほど重要ではない」（廣瀬 2015: 306）という指摘がある．他方には「大手の人気企業は応募者の大学名を見ています．そして，ブランド力の高い大学から，より多くの学生を採ろうとします．逆に言えば，中堅以下の大学からは，ほとんど採用しません」（海老原 2015: 32）という指摘がある．

　また，すこし古いデータだが，2001年の「雇用管理調査」によれば，新規大学卒の採用内定のある企業のうち，学校名不問採用[18]を行っている企業は67.4%（企業規模計）であり，裏返せば約3割が学校名をスクリーニングの材料にしている．この結果は他の調査でもある程度裏づけられている．HRプロの企業アンケート調査によれば，企業の約4割が「ターゲット大学」（採用の「母集団形成のため，重点的に広報活動を行う大学」）を設定しており，ターゲット設定企業のうち，約8割はターゲット校が20校以下で，約2割は一定大学のみを選考対象としている（平野 2011）[19]．

　これが，採用時に企業が重視する項目になると，学校歴の有用性は無視できるほど小さく見えるだろう．同じく2001年の「雇用管理調査」によると，採用時の重視項目（多重回答．3つまで選択）は，事務職では「専門的知識・技能」

4.7%（技術・研究職では51.1%），「学業成績」が8.9%（同13.4%），「熱意・意欲」が74%（同66.7%）だからである（いずれも企業規模計）．日本経済団体連合会の「新卒採用（2014年4月入社対象）に関する企業アンケート調査」でも，「選考にあたって特に重視した点」（多重回答．5つまで選択）は，コミュニケーション能力（82.8%），主体性（61.1%），チャレンジ精神（52.9%），協調性（48.2%），誠実性（40.3%）などの「人間力」と総称される能力（本田2005b; 牧野2014）が高い数値を示す一方，学業成績は6.2%，出身校は3.5%にすぎない．

自由応募制のもとで，現代の学校歴によるスクリーニングは「人物本位採用」のプロセスのなかに巧妙に埋め込まれていると考えられ（竹内1995; 斎藤2007; 海老原2015），局所的には〈自由応募内ターゲット校〉といえるような制度に埋め込まれている．しかし学校歴が完全に隠されているわけでもない．たしかに，学校推薦から指定校，自由応募と移行するほど，応募条件において学校歴は明示されなくなっており，自由応募は，学校歴と職業能力の関連を低く見積もる方向に作用する．しかしそれを反証する情報が流通していることもまた事実であるからだ．学歴（学校歴）と職業能力の関連の認識は，現代的な制度と情報の配置に規定されながら，いまもあの円と楕円の構図のなかにある．

注

1) 大学の取り組みの記述は大森（2000）を参照している．
2) マルクス主義者の青野季吉は，「曾つて大学が卒業生の就職の世話を実際にしたこともあり，それを看板に学生を釣ったことも無いではなかった．が，それはそれが可能であった所のことで，決してその仕事が大学工場の企業上の任務ではなかった．したがってそれが不可能になって来ると，そう言う看板は忽ち引下られ，その『親切』は忽ち消散したのである」（青野1930: 120）と批判的に述べていた．
3) 「知識階級」の就職難については，高等教育拡充に関する教育政策や政治的・社会的な動きとの関連のなかで，伊藤彰浩が詳しく検討している（伊藤1987, 1999）．
4) 調査票の様式は菅山（2011: 142）に記載されている．
5) 昭和13年度の資料から，第二表の項目において「就職先」が業種（農林業，水産業，鉱業，工業，商業，通信運輸業，土木建築業，公務自由業，其の他）となり，「紹介経路」に「職業紹介所の紹介に依りたるもの」が追加されている．

6) ここでの検討は，学校と企業という別の主体への調査を比較するもので，一定の限界がある．学校卒業生就職状況調査の「就職決定数」と，定期採用状況調査の「採用者数」をくらべると，後者のカバーする範囲のほうが狭い．また，定期採用状況調査の「採用者数」と学校推薦による採用者数は同じではないが，この調査では，入社希望者のなかに学校に推薦された者がどの程度いたのかを調べていない．確認したように「就職決定者」の多くは学校推薦であることから，ここでは，入社希望者数を学校推薦者数の近似値だと仮定して議論を進めている．

7) 本書と同じデータを用いた菅山は，学校段階ごとの採用率の序列が，学校紹介による就職率の序列と重なっていることを指摘し，「就職斡旋のシステムがより深く根をおろしていた学校ほど，企業のもとめに応じて推薦した卒業生が採用される確率が高かった」と述べている（菅山 2011: 146）．本書は就職率と採用率の落差に，菅山は順位の並行性に，それぞれ注目するという違いがある．

8) 細かくいえば，同じ学校内でも採用チャンスの違いによって，関連の見え方は異なるだろう．学校推薦による採用チャンスが高かった技術系では，学歴（学校歴）と職業能力の等号が強く信憑され，採用チャンスが低い事務系では，相対的に学歴（学校歴）と職業能力の不等号が認識されやすくなると考えられる．大学内（個人間）や大学間でも，個人や学校特有の経験などによって，その了解にはバラつきが生じるはずである．

9) こうした職業安定法の枠組は職業紹介所を国営とした戦時期の改正職業紹介法を引き継ぐものである（菅山・菅山・石田 2001）．

10) 学内で職業紹介をおこなう組織（校友会や学徒援護団体など）を一元化する通達がだされる一方（文部省 1951: 117, 186），教職員の紹介は事業性がないとして認められたので（文部省 1951: 185），大卒労働市場では，学校推薦（＝大学が職業紹介機関としておこなう職業紹介）と教員推薦が併存することになった．

11) 学校推薦に関する学生のデメリットとしては，推薦依頼がない企業へ応募することができないことや，学内選考に落ちればその企業へ応募できないことなどが挙げられる．

12) 大島真夫によると，現在の大学就職部は就職活動の後期において活動がうまくいっていない学生のセーフティネットとして機能している（大島 2012）．OB・OGやリクルーターのような大学に関連したネットワークの利用も，1990年代以降，下火になっている（Ciavacci 2005）．

13) 図表 3-17 では専攻分野を区別していないが，いわゆる文系と理系を区別すれば，学校経由の比率は文系においてさらに低くなるはずである．なお，学校推薦が多いとされる理系の大学生に関しても，近年の実態は自由応募に近いと考えられる．リクルートリサーチによる 1996 年 3 月卒業者の調査によると，理系学生の過半数は，企業の選抜の後に教授が推薦状を発行する「形式推薦応

募」であり，実質的には自由応募に近いという指摘がある（平沢 1997）．このような後追い型の推薦も，企業が選抜の主導権を握っていると考えられるからである．
14) 1978（昭和 53）年の調査では，全国の従業員数 100 人以上の民間企業 25650 社のうち，業種別・従業員規模別に，2385 社を無作為抽出し，郵送法によって実施されている（回収率 51.7％）．
15) 同年の『帝国銀行・会社要録』で企業規模を調べると，平均従業員数は 7439 名であり（不明の 5 社を除く），規模の大きい企業が選ばれている．昨年度の依頼実績で回答した企業もある．
16) 予備調査で推薦依頼が多い上位 70 大学を選んだうえで，調査後に依頼が少ないことが判明した 5 大学が除かれている．女子大学は含まれていない．
17) 1991 年 12 月号で「就職白書 '91 ついに，「バブル就職」崩壊のきざし」という特集をしたあと，『就職ジャーナル』では，1992 年 1 月号から 6 月号まで「データ速報」を掲載しており，大学ごとの就職先企業ランキングが掲載されている（「第四弾／大学別就職先ベスト 15（文科系編国公私立 138 大学一挙公開）」「第四弾大学別就職先ベスト 15（理科系編国公私立 102 大学一挙公開）」）．この種のランキングでは，企業のスクリーニングが背景に退き，大学間の差異が前景化されることになる．その点で企業のスクリーニングと大学間の差異の〈関連〉を可視化していた 70 年代の誌面とは似て非なるものである．
18) 学校名不問採用とは，「学校名を選考の判断材料の対象としない選考方法」をいい，「学校名を応募書類に記入させても選考に影響しない場合」もふくむ．
19) 良好な就職機会としての大企業就職率が，大学の選抜度に規定されていることは，多くの研究が示している（近年の研究に濱中 2007; 平沢 2011）．海老原嗣生は，大学が公開した就職結果というユニークなデータを使って，人気企業への就職率が偏差値と対応していることを示している（海老原 2012）．

第 4 章

タイミングを制約する
就職協定の展開

1 六社協定と新卒一括定期採用

一般に,新卒労働市場はほぼ同時期に大量の求職者が労働市場に参入するという特徴をもっており,求人・求職活動の期日を定めるルールや,ルールを執行する団体が現れることが知られている (Roth and Xing 1994; Niederle et al. 2008)[1]. 戦後日本の大卒労働市場でこうしたルールにあたるのが就職協定である[2]. 本章では,求人・求職活動のタイミングの制約という就職協定の特徴に注目し,企業・学生の相互行為と協定のルールとの関係に焦点をあてながら,就職協定の成立から廃止までの変遷を追跡する[3]. 就職協定は1953年に成立したものであるが,昭和初期の知識階級の採用でも選考期日を一律に定める試みがなされている. そこでこの時期について第1節で簡単にふれたうえで,第2節以降において就職協定の展開を明らかにしていきたい.

内務省による1927 (昭和2) 年の『会社銀行ニ於ケル学校卒業生採用状況調』は,企業の「募集期は毎年十月より四月迄 (?) の間にして最も多数を占むるは十一月より一月迄 (?) である」(中央職業紹介事務局 1927 疑問符ママ) と述べ, 学校卒業生の採用活動が, 卒業年度内におこなわれていることを報告している. 学生の就職活動も早期化しており,「専門学校, 大学から卒業する者が十二月頃から就職運動を始める」(安部 1925) と「卒業前からの就職運動」(堤 1930) が, 同時代の観察者によって目撃されるようになっていた.

採用・就職活動時期の早期化は, 次第に問題視されるところとなり, 1928 (昭和3) 年, 日本銀行, 正金銀行, 三菱銀行, 三井銀行, 川崎第百銀行といった有力銀行の頭取重役等で組織されていた常磐会が主体となり, 早期化を是正

することになった（この点は，壽木 1929; 半澤 1929; 野村 2007: 58-63 に詳しい）．3月に開かれた常磐会例会において，三菱の串田萬蔵，三井の池田成彬，第一銀行の佐々木勇之助らを発起人とし，「各大学専門学校並に各銀行会社に対し新社員銓衡時期の変更について手紙を回附すること」が決まっている．4月には，銀行会社の重役と「東大，商大，慶應，早稲田，高工，外語等学校関係者，並に文部省から学務局長が出席」する協議会が開かれ，「学校当局と銀行会社との一致協力的改善対策の申合せ」がおこなわれた．文部省の尽力により，官庁では「学校卒業後でなければ絶対に採用しないこと」になり，銀行会社でも「之れを厳守するよう努力することに決定」（壽木 1929: 67）した．

協議会を受けて，銀行会社の側では，発起人となった 18 社の頭取・重役らの連名で，翌年度の卒業生の採用選考時期を学校卒業後（4月以降）に改正する申合せをした旨と申合せへの協力要請がしたためられた「勧誘状」が，各会社に送付されている．勧誘状では，時期を変更する理由として，「学生の修学上其他に於いて種々弊害を伴う」ことや「採用者側としても時多くは歳末繁忙期に際し時期を得ざる」ことが挙げられている．学校当局では，5月に一橋如水会館にて，「東京帝大の河津経済学部長，東北大学法文科の佐藤博士，商科大学の佐野学長，慶應大学の林塾頭，早稲田大学の田中理事，東京高等工業の中村校長，東京外語の長尾校長等，三十余名，文部省より粟屋文部次官」が出席して協議した結果，「原則として卒業後採用銓衡に学校当局も賛成すること」になった（壽木 1929: 68-70）．

この協定は，ルールを最後まで遵守した会社が三菱をはじめとする 6 社であったことから「六社協定」とよばれるが，数年足らずで破棄されている．協定不参加企業は，協定を優秀な学生を取る好機とみて，卒業前に求人申込をおこない，学生のほうもこれらの企業へ殺到するという状況が生まれたのである（半澤 1929: 8）．

学生は協定不参加企業の求人に応募せざるを得ない状況にあった．協定では掛け持ち応募を許さないため，参加企業が同じ日に銓衡することにしており（野村 2007: 59），また，当時の大学では学生が一度に出願できる会社の数を 1 つに制限していた．

先づ唯だ一ヶ所へ推薦し，そこで不合格の場合に於て始めて次ぎの所へ推薦するというのが普通になったので，採用試験時期繰下げの結果は，何所も同じ頃に採否が決定せられ，やっと一と所の採否を決定する頃には，もう他の採用口が大抵無くなるようになったのだから，求職者のためには一大打撃となった次第．（諸橋 1930: 38）

協定参加企業だけに応募する学生は，不合格の場合は有望な求人がない，というリスクを負わなければならなかったのである．

大学新聞の記事から六社協定の推移を追った野村（2007）によれば，早くも2年目の1930（昭和5）年3月卒業者において，協定を呼びかけた企業が協定に違反する事態が現れている．1933年3月卒業生以後，景気回復のため就職状況は好転するが，これに伴って協定破りも加速していく．そして1935（昭和10）年，ついに民間企業では協定を破棄することになった．官庁でも1939（昭和14）年，採用銓衡の時期を11月初旬に早め，協定の効力は完全に失われたのである（野村 2007: 62-63）．

ところで，六社協定のような，採用活動のタイミングを一律に規制する試みの前提には，知識階級の新卒一括定期採用が，大企業ではある程度普及していたという事実がある．第3章でも使用した厚生省社会局の「定期採用状況調査」を用いて確認しておこう．

図表4-1では，卒業生を採用した企業（「採用アリタル所」）と採用がなかった企業（「採用者ナキ所」）の比率および回答社数を業種ごとに示している．回答した372社のうち採用を実施した企業は68.3%であり，過半数の企業が知識階級を採用している．ここには業種によるばらつきがあり，銀行，信託会社，汽船会社，運輸倉庫会社，商事会社では8割を超えているが，電軌鉄道会社，新聞通信社，雑会社の比率は低い．後者の存在が全体の比率を押し下げているが，知識階級の採用はもはや珍しいものではなくなっている[4]．

採用を実施した企業について，定期採用と随時採用の比率を計算すると図表4-2のようになる．これによると，全体で9割の企業が定期採用を実施していると回答しており，知識階級を採用した企業ではほとんどの企業が定期採用を実施していることがわかる．

図表 4-1　業種別・知識階級を採用した企業（昭和 12 年度）

業種別	採用アリタル所	採用者ナキ所	回答社数
銀行	84.2	15.8	38
信託会社	85.7	14.3	7
保険会社	71.9	28.1	57
電気会社	64.3	35.7	42
瓦斯水道会社	75.0	25.0	8
電軌鉄道会社	34.5	65.5	29
汽船会社	90.0	10.0	10
鉱業会社	72.7	27.3	22
工業会社	75.0	25.0	84
運輸倉庫会社	81.8	18.2	11
新聞通信社	42.9	57.1	7
商事会社	85.7	14.3	7
雑会社	52.0	48.0	50
合計	68.3	31.7	372

出所：厚生省社会局 1938: 48-49 より作成．

図表 4-2　定期採用の実施率（昭和 12 年度）

業種別	定期	随時	計
銀行	93.8	6.3	32
信託会社	100.0	0.0	6
保険会社	90.2	9.8	41
電気会社	85.2	14.8	27
瓦斯水道会社	66.7	33.3	6
電軌鉄道会社	70.0	30.0	10
汽船会社	100.0	0.0	9
鉱業会社	100.0	0.0	16
工業会社	90.5	9.5	63
運輸倉庫会社	100.0	0.0	9
新聞通信社	100.0	0.0	3
商事会社	83.3	16.7	6
雑会社	96.2	3.8	26
合計	90.9	9.1	254

注：「随時」は随時採用と記入したものと採用の時期を明示しなかったものの合計．
出所：厚生省社会局（1938: 48-49）より作成．

　図表 4-3 は，後継調査のデータを加え，定期採用の時期を年度ごとに示したものである．自由回答のため区分が曖昧であるが，卒業期前後の 3 月から 4 月に集中している．採用時期を定めていない企業も 1 割ほど存在しているが，多くの企業では卒業と同時期に採用する体制を整えていたのである．

　新卒一括定期採用には，定期的な採用にくわえて，採用対象者を新卒者に限

図表 4-3　定期採用の時期

	1935 年度	1936 年度	1937 年度	1938 年度	1939 年度
卒業の前年	0.0	0.0	0.0	0.0	8.0
前年 10 月から 2 月まで	4.2	7.4	13.3	0.0	0.0
1 月	2.3	1.9	0.9	0.0	0.0
1 月～3 月	1.5	1.9	0.0	0.0	0.0
2 月	2.3	1.9	1.4	1.9	2.3
2 月～3 月	0.0	0.9	0.0	0.0	0.0
3 月	17.4	19.9	17.1	20.1	19.3
3 月～4 月	10.0	4.6	11.4	22.2	21.2
4 月	33.6	35.2	37.0	48.5	42.4
卒業期前後	18.9	16.7	10.9	0.0	0.0
4 月～6 月	1.2	1.4	1.4	0.8	0.0
随時（一定せず）	8.5	8.3	6.6	6.5	6.8
計	259	216	211	369	311

注：計は企業数，比率は筆者の計算による．
出所：中央職業紹介事務局（1935a）；社会局社会部（1937）；厚生省社会局（1938）；厚生省職業部（1939）；厚生省職業部（1940）より作成．

定するという特徴がある．「定期採用状況調査」には「卒業年度の制限」という調査項目があるので，ここから傾向を確認したい．卒業年度の制限は「本年度新卒業生に限る」「原則として新卒業生（主として新卒業生）」「卒業年度の制限なし」の 3 項目に区分され，各項目に該当する企業数が示されている．これを集計したものが図表 4-4 である．「本年度新卒業生に限る」と「原則として新卒業生（主として新卒業生）」を合計した「新卒者を志向」という項目を見ると，「新卒者を志向」する企業の比率は 8 割以上と高い水準にある．大企業の知識階級採用において，新卒採用は相当程度普及していたとみてよいだろう[5]．

図表 4-4　卒業年度の制限

	1935 年度	1936 年度	1937 年度	1938 年度	1939 年度
新卒者を志向	85.3	80.9	84.1	85.9	82.8
（新卒者に限る）	42.9	41.1	44.1	64.8	57.1
（原則として新卒者）	42.5	39.8	40.0	21.1	25.7
制限なし	14.7	19.1	15.9	14.1	17.2
計	259	246	245	369	303

注：計は企業数，「新卒者を志向」の追加と比率の計算は筆者による．
出所：中央職業紹介事務局（1935a）；社会局社会部（1937）；厚生省社会局（1938）；厚生省職業部（1939）；厚生省職業部（1940）より作成．

矢野眞和は，賃金構造基本統計調査の「標準労働者」，つまり「学校卒業後直ちに企業に就職し，同一企業に継続勤務している労働者」について，この定義に該当する労働者がけっして多くはないにもかかわらず，「標準」として通用していることに注意を促している（矢野 1996: 166）．これについて伊藤彰浩は，統計のあり方が社会に関する人々の認識と関連しているとするならば，実態においては必ずしもマジョリティでない労働者像を「標準」と思わせる「社会的な力」が存在していると述べている（伊藤 2004: 58）．ここで確認した新卒者を志向する企業が8割にのぼるという結果は，「学校卒業後直ちに企業に就職」することが，戦前の大企業や知識階級の若者にとって「標準」となりつつあったことを示唆している．

　おそらく，こうした「標準」化は，中卒者の採用慣行が高卒者に拡大されていくという，菅山（2011）が示したプロセスのなかでおこなわれたと考えられる．当時の知識階級の若者が同年齢人口に占める割合はごくわずかであり，「社会の常識」となるだけの実質を伴っていたとは考えられないからである．しかし，大学進学率が上昇していくなかで，その「社会的な力」に捉えられる人々は増加していく．学校から職業への移行の「標準」的なあり方は戦後に引き継がれ，就職・採用のタイミングを制約する制度――就職協定――の前提となるのである．

2　就職協定とルール違反

　就職協定（以下，協定）とは，就職・採用に関する大学，企業，学生の活動を一律に規制する取り決めであり，1953年から1997年の廃止まで，「有名無実」という批判を受け続けながらも，約半世紀にわたって維持された．

　協定のルールとは，基本的に，大学の就職事務，学校推薦や説明会，企業と学生の接触，選考や内定などの期日（date）に関するルールである．当初は，大学の就職事務と企業の採用活動のタイミングを調整するルールとしての性格が強かったが，学校推薦制から自由応募制への移行に伴って，企業と学生の出会い（＝相互行為）のタイミングを制約する側面が強く現れていった．1970年代以降は，期日にとどまらず，企業や学生に期日を遵守させるための条件整備

も，あわせておこなわれるようになるのである．

　図表4-5は，活動の解禁期日を年度ごとにまとめたものである．「大学側就職事務関係の開始期日」「推薦・説明・訪問等開始」「選考・内定開始」の3点について，各年度の解禁日が示されている．1980年度であれば，（企業から大学への）求人申し込みは卒業年度の8月1日以降，（大学から学生への）求人掲示は9月10日以降，企業と学生の接触は10月1日以降，選考や内定は11月1日以降，と定められている．1952年度から1996年度のあいだに，「大学側就職事務関係の開始期日」は12回，「推薦・説明・訪問等開始」は13回，「選考・内定開始」は8回の変更がおこなわれている．

　協定にはルールを定義し執行するための会議体が存在した（図表4-6）．会議体の名称は時期によって異なるが，構成メンバーは，大学側団体，企業側団体，関係省庁（文部省．一時期労働省）である．

　1953年度から61年度までは，文部省が実施する大学卒業者就職問題懇談会において，大学側と企業側が話し合いをおこない，大学側の申合せとして協定が成立している．企業側団体の1つであった日経連が協定からおりたことにより，1962年度から69年度までは，大学側のみの話し合いで申合せが決まる時期がつづく．70年代初頭に青田買い防止の機運が高まり，企業側が協定に復帰すると，1973年度から87年度までは，大学側の懇談会と企業側の中央雇用対策協議会の二本立てとなり，大学側の申合せと協議会の決議をあわせて協定とよぶようになった．懇談会には文部省が，協議会には労働省が参加していたが，82年度以降は労働省が不参加となる．88年度以後は大学側と企業側で構成される就職協定協議会が発足し，1つのテーブルで協定の取り決めをおこなう体制となった．

　就職協定の経緯は，その成立の1年前，1952年に発せられた通達（労働省発職業第87号／文初職第454号の5）から語り起こされることが通例である（平野1991）．この通達は，「新規学校卒業者の採用選考並びに使用開始の時期について」と題されており，労働省職業安定局長，文部省大学学術局長，文部省初等中等教育局長から，各短期大学（部）長，各五大市教育委員会教育長，各都道府県知事，各国公私立大学長，各都道府県教育委員会に向けて発せられている[6]．同日には，雇用主方面（民間団体代表者）にたいして，労働事務次官・文部事

図表 4-5　就職協定が定めた解禁期日の変遷

就職活動年度		大学側就職事務関係の開始期日についての大学側申合せ等	推薦・説明・訪問等開始	選考・内定開始
1952	27	求人申込 10 月 1 日		選考 1 月
1953	28		推薦 10 月 1 日	
1954	29			
1955	30			
1956	31			
1957	32		推薦事務系 10 月 1 日 推薦技術系 10 月 13 日	選考事務系 10 月 10 日 選考技術系 10 月 20 日
1958	33		推薦同一都道府県内の場合は 17 日以降	選考技術系 10 月 20 日
1959	34			
1960	35			
1961	36	求人申込み・求人側による説明会開催等就職事務	推薦事務系 10 月 1 日（文書到達期日） 推薦技術系 10 月 13 日（文書発送期日）	内定事務系 10 月 1 日 技術系 10 月 20 日
1962	37			
1963	38	事務系 7 月 1 日 技術系 6 月 1 日	推薦 10 月 1 日	
1964	39			
1965	40			
1966	41	就職事務 事務系 7 月 1 日 技術系 6 月 1 日		
1967	42			
1968	43			
1969	44			
1970	45			
1971	46			
1972	47			
1973	48	就職事務 7 月 1 日	説明・訪問 5 月 1 日 推薦 10 月 1 日	選考・内定 7 月 1 日
1974	49			
1975	50		求人活動 9 月 1 日 推薦 10 月 1 日 （内定取消のため 2 回改正あり）	
1976	51		求人活動 10 月 1 日	
1977	52	求人申込 8 月 16 日		
1978	53	学生への掲示 9 月 16 日（54 年度）9 月 14 日 （大学団体，文部省，労働省，日経連などで決定）		
1979	54		接触 10 月 1 日	選考・内定 11 月 1 日
1980	55	求人申込 8 月 1 日		
1981	56	学生への掲示 9 月 10 日 （大学団体，文部省，労働省，日経連などで決定）		
1982	57			
1983	58	求人申込 8 月 1 日 学生への掲示 9 月 10 日 就職応募書類（推薦状，成績証明等）の発行 10 月 15 日		
1984	59			
1985	60			
1986	61	求人申込　大学 7 月 1 日　短大高専 8 月 1 日 学生への掲示　大学 8 月 1 日　短大高専 9 月 10 日 就職応募書類（推薦状，成績証明等）の発行 10 月 15 日	接触　大学 8 月 20 日 短大高専 10 月 1 日	
1987	62	求人申込 7 月 10 日 学生への掲示 8 月 1 日	説明 8 月 20 日 訪問（選考）9 月 5 日	採用内定 10 月 15 日
1988	63			
1989	1			
1990	2	求人申込 6 月 1 日 学生への掲示 8 月 1 日	説明・訪問（選考）8 月 20 日	採用内定 10 月 1 日
1991	3	求人申込 6 月 1 日 学生への掲示 7 月 20 日	説明・訪問（選考）8 月 1 日	
1992	4			
1993	5	求人申込 6 月 1 日 学生への掲示 7 月 1 日	採用選考 8 月 1 日前後を目標として企業の自主的決定	
1994	6			
1995	7			
1996	8			

注：平成 5～8 年度は各年の就職協定を参照して筆者が追記．
出所：高等教育局学生課（1992b: 52）．

図表 4-6 　就職協定の申合せと会議等の推移

年度		申合せ等の態様	関係会議等	備考
1952	27	（申合せなし）	就職問題連絡協議会（文部省・労働省・業界団体・大学団体等）	
1953	28	大学・業界の話し合いを経て大学側が申合せ	大学卒業者就職問題懇談会（文部省実施）（文部省・労働省・業界団体・大学団体等）	
1954	29			
1955	30			
1956	31			
1957	32			
1958	33			
1959	34			
1960	35			
1961	36			
1962	37	大学側申合せ	大学団体による懇談会（文部省実施）	昭和 41 年度より高専にも申合せを準用
1963	38			
1964	39			
1965	40			
1966	41			
1967	42			
1968	43			
1969	44			
1970	45		大学卒業者就職問題懇談会（文部省実施）（文部省・業界団体・大学団体等）	大学卒業者就職問題懇談会が申合せに協力することを確認
1971	46			
1972	47			
1973	48	大学側申合せ 閣議報告，了解 中央雇用対策協議会決議	就職懇談会（文部省実施文部省・大学団体） 文相・労相・経済 4 団体懇談（47.10.25） 閣議報告（文相・労相）（47.10.27） 閣議報告を受けて中雇対協開催・決議（47.11.20）	労働省は，中央雇用対策協議会決議に基づき，事業主，業界団体等に行政指導を行う.
1974	49		大学卒業者就職問題懇談会（文部省実施・文部省・大学団体）	
1975	50	大学側申合せ 中央雇用対策協議会決議	就職問題懇談会（文部省実施，文部省・大学団体） 中央雇用対策協議会 昭和 51 年度より文部省・労働省・大学団体で就職事務について協議（昭和 52 年度より実施）	昭和 51 年度以降 10 〜 11 協定となる. 大学側申合せに高専団体参加
1976	51			
1977	52			
1978	53			
1979	54			
1980	55			
1981	56			
1982	57			
1983	58	大学側申合せ 中央雇用対策協議会決議 （労働省を除く）	大学団体・業界団体の代表による懇談 中央雇用対策協議会 就職問題懇談会（同上）	57 年度以降労働省就職協定に不参加
1984	59		就職問題懇談会（同上）	
1985	60		中央雇用対策協議会 就職確定に関する企業と大学との連絡会議	
1986	61		就職問題懇談会（同上） 中央雇用対策協議会 文相・労相・経済 4 団体懇談（60.9.12）	
1987	62		就職問題懇談会（同上） 中央雇用対策協議会 大学・短大・高専・高校就職協定連絡協議会	
1988	63	就職協定協議会決定	就職協定協議会（大学等団体，業界団体等） 就職問題懇談会（同上） 大学・短大・高専・高校就職協定連絡協議会	大学側と企業側の双方からなる就職協定協議会発足
1989	1			
1990	2			
1991	3			
1992	4			

出所：高等教育局学生課（1992b: 52).

務次官から，採用選考と使用開始の時期の是正に関する依頼状が発せられており，その趣旨を「徹底しかつ励行せられるため」に，「卒業者のあっ旋の任にあたる職業安定機関並びに学校当局」にたいして通達が出されたのである．

雇用主方面への依頼状では，「新規学校卒業者の採用選考並びに使用開始の時期等が，各方面で区々であるため，種々の弊害を生じて」いるので，団体に加盟する事業主には，方針に従ってもらうよう徹底して欲しい旨が述べられている．その方針の内容は（1）採用選考を最終学年の1月以降に行うこと，（2）採否を速やかに決定して学生・生徒に伝えること，（3）卒業後に使用を開始することの3点からなる．選考の時期を遅らせ，採否の決定・通知をスピードアップし，卒業前に使用を開始しないことが求められていた．この通達と依頼状では，選考期日だけに言及しているが，同年10月の『職業指導』誌では，企業から大学への採用申込期日を10月以降に定めた旨，文部省大学学術局学生課長補佐が述べている．

　　採用試験実施時期は少くとも最終学年第1学期の試験が終了してその学業成績が判明し，その結果を採用者側に連絡，報告しうる時期とし，また採用申込はその3ヶ月前とすることが最も適当である理由によって，前者を1月以降，後者を10月以降と決めた次第である．（三島 1952: 5）

依頼状では，この方針が定められた理由を以下のように説明している．

一．採用選考が早期に開始〔さ〕れ，又区々に行われるときは
　　1 学生生徒が卒業期までに多数の選考に応募し，徒に関係者の手数を煩わす．
　　2 雇用主は，学習成績を確実に把握できないため，採否の決定が遅れるばかりでなく，学生，生徒にとっても不安感を増す．
　　3 早期に採用を決定しても，その後の状況の変化により採用を取り消したため，問題をひき起こした例もある．
二．採用選考後採否の決定が遅れるときは
　　学生生徒が採否決定までに多数の採用選考に応募するため雇用主にとって

採用者を確保することができないばかりでなく，学生，生徒の不安感を増す．
三．早期に使用を開始するときは
本人の勉学に支障があるばかりでなく，他の学生，生徒に悪影響を及ぼす．
(「新規学校卒業者の採用選考並びに使用開始の時期について」)

　選考が早期に開始され，かつ企業ごとに異なるタイミングでおこなわれると，企業は学生の成績を確実に把握することができないため，採否の決定が遅れる．採否の決定が遅れると，不安になった学生は複数の選考に応募するようになる．このことは，大学や企業などの関係者の手数を煩わすとともに，企業に採用できない可能性も生まれてしまう．さらに，早期の採用決定は内定取消の可能性も高めるし，早期の使用開始は本人や他の学生の勉学の妨げになる．このように，選考や使用開始などのタイミングが，企業ごとにばらばらであると，当事者すべてに悪い帰結をもたらすという想定のもとで，企業と学生の出会いのタイミングを一律に規制するルールの必要性が示されているのである（この通達自体は，期日が実態と乖離していたこともあり，実効性がなかった）．
　最初の協定は，「推薦開始」期日に関する大学側の申合せという形で 1953 年に成立している．大学側団体と企業側団体は，文部省や労働省の同席のもと，大学卒業者就職問題懇談会の席上で事前に協議をおこない，その内容が大学側の申合せという形で定められたのである[7]．
　この通達では，「大学側の申合せ事項」として，卒業予定者の推薦開始期日を 10 月 1 日としたことが述べられ，「在学中に十分な教育効果をあげ，その修得した能力にふさわしい職場を与えるためには，大学側の就職あっせんと業界側の採用試験との間に，常に緊密な連絡と協力が必要である」という認識が示された．企業には採用行動をこの期日にしたがわせること，つまり，推薦受付の締切期日を 10 月 1 日以降に設定し，この締切期日と採用試験期日のあいだに，時間的な余裕をもたせることが期待された．この時期の協定では選考や内定期日に関する取り決めは存在していなかった（選考・内定期日が取り決められるのは 1957 年度以降）．学校推薦制のもとでは，推薦期日に企業側がタイミングをあわせ，学校と企業の協調が確保できれば，さしあたりは十分だったため

だと推察される。

　ところが高度経済成長期に入ると，企業は優秀な学生をいち早く採用しようとし，学生もこれに応じることで，採用・就職活動が早期化していった。協定を遵守しない企業行動は，報道を通じて多くの人々の知るところとなっていく。たとえば，1960年の朝日新聞には「人間・青田買い」という言葉が登場している（朝日新聞1960.6.7朝刊）。

　当時の協定は，大学卒業者就職問題懇談会で定められていたわけだが，1962年，企業側団体の1つである日経連は，協定が遵守されないことを理由として，選考期日を定めることを放棄する，いわゆる「野放し宣言」をおこない，協定から降りてしまう。1973年に復帰するまでの約10年間，協定は大学側団体による推薦期日の申し合わせだけになる（図表4-5でこの時期の「選考・内定開始」が空欄になっているのはそのためである）。

　この間の推薦開始期日は10月1日であったが，一部では大学の推薦を待たずに採用・就職活動がおこなわれていた。推薦前の会社訪問は事実上の選考となっており，推薦解禁日には内定を出すだけという事態が生じていたのである。

　『就職ジャーナル』の1971年3月号では，「一流企業」314社を対象として，会社訪問に関する質問紙調査をおこなった結果が掲載されている（SJ 1971.3）。「会社訪問者の受け入れ態勢」に関して，「訪問者の人物，条件によっては後日の試験で考慮することがあるか」という質問には，「ある」が24.4%，「少しはある」が38.6%であり，会社訪問を選考と結びつける企業は63%にのぼっている。会社訪問で「〔内定の〕即決はあるか？」という質問には，「即決あり」が7%，「少しはある」が19.5%であり，3割弱の企業が会社訪問のみで内定を出している。「46年4月入社予定者中，事前訪問に来た人は〔何割か〕？」という質問によれば，銀行，証券会社，保険会社，商社の数値が高く，とくに銀行の多くは9割や10割と回答しており，入社者のほとんどが会社訪問をしていた。

　推薦期日前の選考・内定は協定違反になるため，採用活動は「水面下」でおこなわれた。同号の「いまやたけなわ大学生の会社訪問」という記事では，慶應義塾大学，明治大学，早稲田大学，東京大学，一橋大学の3年生8名が参加した，会社訪問に関する座談会が掲載されている（SJ 1971.3:18-23）。「はっき

りと"来てくれ"とはいいませんでしたが，暗にそういったニュアンスを含めたような感じ」を受けたとか，「話してて，何となく自分といちばん多く目を合わしてたんじゃないかと，かってに想像することはありますが（笑）」「いちおうの目安として何時間ぐらい話し合ったかということは参考になりますね．一時間以上だといいが，一時間以内だと脈がないんではないかとか（笑）」といったように，学生は人事担当者の反応を読むことで，採用の見込みがあるかを推測しようとしている．じっさい，同じ特集の「マークされるにはどうすればいいか」という企業側に取材した記事をみると，企業側も会社訪問を選考とみなしている．銀行や商社では，会社訪問をした学生の印象・評価を記録して予備資料として使用しており，採用したい学生には試験の受験を勧めるといった形で，それとなく内定を告げていたのである．

　就職・採用活動はますます早期化していき，「早苗買い」（朝日新聞1970.4.22朝刊）や「種もみ買い」（朝日新聞1970.5.14朝刊）という表現で報じられた．1970年度の協定では，就職事務は4年次の7月から開始（事務系．技術系は6月），推薦開始は10月であったが，大手企業のなかには3年生である3月に選考をおこなうところも現れている（朝日新聞1971.3.15朝刊）．この記事では「サークルなどを通じて，学生と企業が直結するゲリラ戦術には目が届きません」という大学職員の声や，「大学側は……六月末までは就職事務はノータッチです．大学側を相手にしてたら，バスにとっくに乗遅れてますよ」と述べる先輩社員の声が掲載されている[8]．

　協定違反は大手企業と有名大学の学生によるものだった．東京大学，一橋大学，京都大学，東京工業大学の4年生（1971年3月卒業者）を対象としたアンケート調査によると，4月末までに内定を受けた者が28.4%，推薦開始から間もない7月末の段階では80.3%が内定を獲得しており，会社訪問したその場で採用が内定した学生が12.2%，会社訪問の場で入社や受験を勧められた者が過半数という結果も伝えられている（朝日新聞1971.4.14朝刊）[9]．

　優秀な人材とそうでない人材で，雇用コストに大きな違いがないのであれば，優秀な人材を獲得するほうが企業の利益になる（矢野 1993）．そこで，企業は優秀な（＝希少な）学生をめぐって獲得競争をおこない，学生のほうも大手企業の採用枠をめぐって競争をおこなう．協定に参加していない企業であれば，

いち早く優秀な学生を採用してしまおうとするだろう．

　もし協定違反に制裁が課されるならば，コスト・ベネフィットを計算して行動するため，状況は違っていたかもしれない．しかし，協定には懲罰メカニズムが備わっておらず，違反のコストはゼロといってよかった．そうした条件のもとでは，たとえ期日前であったとしても，優秀な学生が就職活動を始め，他の企業がそれに応じれば，企業は選考に乗り出さざるを得なくなる．逆もまた然りである．大手企業が選考を始めて，それに他の学生が応じれば，学生はそれに同調せざるを得ない．協定を破る企業や学生が現れると，その事実は他の企業や学生の行為の前提となり，協定を破る行為を連鎖的に生み出していったと考えられる[10]（図表 4-7）．

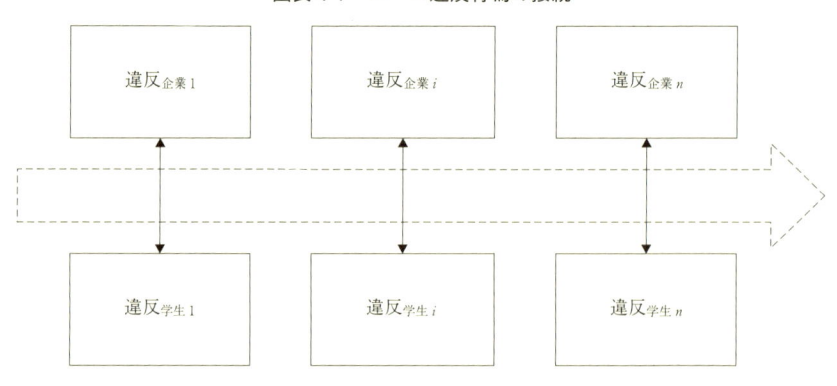

図表 4-7　ルール違反行為の接続

3　ルール違反の規制と追認

3.1　懲罰の不在と出会いの規制

　このように，日経連の「野放し宣言」以後，協定の定めた期日は公然と破られるようになっていたわけだが，1972 年になると早期選考の防止にむけた動きが現れる（文部省大学学術局学生課 1972; SJ 1973.1: 20-1）．

　まず，全国銀行協会連合会が青田買い自粛の宣言を出し，これに大手 14 商

社が加盟する貿易商社会による決議が続くなど，青田買いの先兵と目されていた銀行と商社が自粛宣言をおこなっている．10月には大学団体が，文部省，労働省，経済団体に青田買い防止措置を講じるよう要望を出している．青田買いの問題は国会でも取り上げられ，「求人秩序維持」の見地から労働省でも放置できなくなっており，文部・労働両大臣は，同月，経済四団体（日経連，経団連，日本商工会議所，経済同友会）の幹部に協力要請し，問題解決にむけた条件整備をおこなうことで合意している．

　11月には，経済四団体と全国中小企業団体中央会が，業界団体幹部と青田買い防止に関する懇談をおこない，1973年度の採用活動を，会社訪問・説明会を5月1日以降，選考を7月1日以降とすることを申し合わせた．これは，労働省，経済団体，業界団体で構成される中央雇用対策協議会で正式に決議された．中央雇用対策協議会とは，1965年に発足した組織で，労働省，日経連，日本商工会議所，全国中小企業団体中央会を世話役としていた．中高年労働者の活用を目的として発足した組織だったが，協定違反の社会問題化に伴い，その対応を検討することになったのである（松崎1983）．

　このようにして，1973年度から87年度までの協定は，大学側（就職問題懇談会）の申合せと企業側（中央雇用対策協議会）決議の二本立てとなった[11]．1973年度の選考期日は7月1日だったが，同年10月のオイルショックの影響で，内定取消や自宅待機が発生している．内定取消問題は期日繰り下げの議論に発展し（中村1993），1975年度には労働省の主導により期日の繰り下げがおこなわれ，1976年には，求人活動（「接触」）10月1日以降，選考11月1日以降と定められた（文部省大学局学生課1976; 置塩1976）．この「10-11協定」は1985年までの約10年間継続している．

　この10年間は，期日こそ動かなかったものの，期日を遵守させるための「条件整備」がおこなわれた時期である．この条件整備は，11月1日以前における，企業と学生の相互行為（接触）の規制に集中した．

(1) 監視と懲罰

　中央雇用対策協議会では，1978年12月に「採用選考開始期日等の厳守に関する決議」をおこない，企業側にたいして以下の遵守事項を示している．

1　求人（求職）のための企業と学生との接触は，卒業前年の10月1日以降認めているが，10月1日以降10月末日までの間においては，企業側は次の事項について遵守するものとする．

なお，10月1日前においては，いかなる事情，いかなる名目であれ企業は学生との接触を行わないことは当然である．

（1）　企業を訪問した学生に対しては，採用決定権限を有する者（例えば，人事部長，人事課長）が直接接触しないものとする．

（2）　成績証明書，卒業見込証明書，推薦書，健康診断書等大学が作成する応募書類の提出は，10月15日以降求めるものとし，書類選考といえども10月中は行わないものとする．

（3）　採用の内定はもとより内内定といえども行わないものとする．したがって，内定（内内定を含む．）の通知，不採用の通知を行ったり誓約書の提出を求めれば協定に違反するものと認める．

（4）　当然のことながら，筆記試験，適性検査等の試験及び健康診断は行わないものとする．

（5）　会社訪問については，必ずしも毎日窓口を解説する必要はないが，10月中はこれを締め切らないものとする．

（6）　他社を訪問することができないようにするため，連日の呼び出しを行う等過度に学生を拘束しないものとする．また，他社への応募を断念することを学生に求めないものとする．（文部省大学局学生課1979）

決議の遵守を監視するため，中央雇用対策協議会では，決議遵守委員会を設置している．決議遵守委員会は，労働省，日経連，日本商工会議所，全国中小企業団体中央会で構成され，協定違反の企業（大学）にたいして，注意，勧告，社名（学校名）公表という，段階的な措置を講じることになっていた．協定は，法的な拘束力をもたない紳士協定であったので，社会的な懲罰によってその実効性を確保しようとしたのである．こうした懲罰措置は労働省が参加していたために実施することが可能だった（松崎1983）．

決議遵守委員会の活動は，1979年からの3年間という短い期間で終わって

いる．1982 年以降，労働省が協定に参加しないことになったからである．当時，職業安定局長の立場にあった関英夫は，不参加を決めた経緯を説明しているが，不参加の背景には監視の限界があった．

　　労働省は決議遵守委員会で外からの監視を行ってきたのですが，これはいろいろな限界がありました．協定違反は夏休みごろの学部ゼミの同好会，あるいはスポーツ関係のクラブ友好会等々に先輩がくるあたりから始まるのですから，これは非常にわかりにくいものであります．それで違反事実の情報を得るのは，いわゆる密告に頼らざるを得ないことになります．しかも私どもに強制捜査権限があるわけでもありませんので，企業の方々がお認めにならなければ違反とすることもできないのです．また，公表措置はどうかといいますと，これまで述べたような限界のもとでは，公表されるのは違反企業のごく一部ということになり，公平に行うことは難しいと思われます（関 1982: 41-2）．

　労働省が手を焼いたのは「OB ルート」による接触であった．労働省が監視に力を入れれば入れるほど，監視の網をかいくぐる試みが巧妙になっていったが，労働省は接触したという事実を，密告を頼りに知るほかなく，企業が接触を認めなければ違反とすることもできなかった．結局，労働省は，違反企業にたいする注意・勧告措置はとったが，企業名の公表は最後までおこなわなかったのであるが（鉄井 1982），十分な監視ができない状態で，守られない協定にかかわりつづけることは，「行政の公平性や責任」への信頼を揺るがすものだった[12]．

　決議遵守委員会からの労働省の脱退は，ルール違反を監視し，違反が確認された場合に懲罰を与える執行メカニズムが，十分に機能しなかったことを示している．労働省の脱退によって懲罰による行為の強制はできなくなるが，協定の歴史のなかで決議遵守委員会は懲罰に踏み込む唯一のチャンスであった．

(2) 先輩・後輩関係の規制

　大学側と企業側の自主協定になっても，企業と学生の出会いの規制はつづけ

られた.そこで協定関係者は,期日の変更だけではなく,出会いにつながる情報の流れを統制しようとした.情報のメディアとなったのは「人媒体」(社会的ネットワーク)と印刷媒体であった.

期日前の企業と学生の相互行為(接触)は,大学の先輩が後輩にアプローチするといった,より巧妙な形で隠れておこなわれていた[13].複数の会社から内々定を得ている学生は,最終的に他社を選ぶ可能性があるので,人事担当者は学生の行動に目を光らせ,内定解禁日まで,電話や呼び出し,合宿などの内定拘束をおこなった.拘束は有名大学の学生にたいして激しくおこなわれ,学業に支障をきたすので差し控えるよう,大学教員が文書で依頼するという事態にまで発展している(井上ほか 1985).

1984年度の協定において,大学側は,(接触解禁期日である)10月1日以前に,大学のOB・OGといった「人媒体」を通じた企業研究,いわゆる「OB訪問」を,大学が学生に奨励することを自粛する旨,申し合わせている.

> 学生が,OB訪問等の名目の下に10月1日以前に直接企業を訪問することは,企業の人事担当者あるいはその意向を受けたOB等との接触により事実上の面接選考に結びつきやすい面があるため,これが行われることは就職秩序を混乱させるおそれがある.また,大学,企業の地域的な配置やOBを持たない大学,企業もあることを考慮すると,就職の機会均等と公平性が損なわれるという問題もある.さらに,企業側からも,10月1日以前のOB訪問等は10-11協定を事実上形骸化するものである,あるいは,OB訪問等に来た学生の対応で日常業務に支障を来す等の批判がある.(大学局学生課 1984: 62)

1984年度の協定が遵守されたかというとそうではなかった.内定が出始めたのは9月初旬だった.この結果について,協定関係者のあいだでは,「前年度並み」「十分抑止効果があったのでは」と肯定的な評価がなされていたが,日経連が主要企業におこなったアンケートでは,「協定が守られたと思いますか」という問いにたいして,「守られたとは思わない」という回答が9割近くを占めたのである(井上ほか 1984).

OB訪問と拘束についても,完全に防止することはできなかった.大学側が

OB訪問の奨励を自粛したため，こんどはOBのほうから学生にアプローチする「逆OB訪問」が非常に目についたという批判があり，一部の企業では拘束もおこなわれたという指摘があったのである（井上ほか1985）．そこで1989年には，拘束などを監視するため，日経連に「就職協定110番」が開設されている（高等教育局学生課1990）．

(3) 就職情報の規制

　先輩後輩関係とともに，学生と企業の連絡経路となったのは，就職情報出版企業の出版物である．1980年代には，企業案内などの就職関連の印刷物が，毎日のように学生の自宅に送付されてくる現象は珍しいものではなかった

> 　印刷物のみではない．ラジオを通じてのワンポイントアドバイス，面接の場面や企業戦略を収めたビデオカセットもある．まさに情報の氾濫，データの洪水，学生はこの中に巻き込まれているとみなければならない．（中村1984: 39）

　人事部と就職部で完結していた求人情報は，1960年代になると大学新聞に登場し，1980年代には企業と学生のあいだを直接連絡するようになっていた．
　1961年7月10日の東京大学新聞は，「就職特集」と銘打たれた臨時増刊号となっている．紙面は「今年の見通し」，学部別の「求人申込み一覧」，「新入社員のおもうもの　とく名座談会」，「就職戦線の五十年」などの記事で構成されているが，とりわけ目を引くのは，4面から16面まで隙間なく埋め尽くされた100社の求人広告である（東京大学新聞1961.7.10)[14]．求人広告が満載の「就職特集」号はかなり異彩を放っていた．というのも，この時期の紙面の多くは学生運動に関する動向を伝えることに費やされていたからである．求人広告自体は，数年前から就職シーズンに掲載されていたが，紙面の下段を使った地味な体裁のものに過ぎなかった．
　「大学新聞掲載の求人広告ア・ラ・カルト」という記事は，このような状況に転機が訪れたのは1960年5月だとしている（東京大学新聞1971.2.1）．それ以前の広告は書籍広告が中心で，就職関係の広告は皆無であった．それがこの年

を境に様々な写真やカットが織り込まれた求人広告が紙面を彩るようになったのだという。同記事は，この時期に求人広告が掲載され始めた理由の1つとして，大学新聞の広告出向代理業務を行う「大学広告社」という会社の設立を挙げているが，この会社がのちの日本リクルートセンター（リクルート）である（江副 2003）。

リクルートは，就職情報誌や企業向け出版物の発行，就職・採用に関する各種調査・コンサルティング，就職ナビサイトの運営など，就職情報を扱う企業として大きく成長していくが，協定や自由応募と関連が深いのは，求人企業の情報を登載した「リクルートブック」であろう[15]。

1972年の『就職ジャーナル』に掲載された「隠れたベストセラー"リクルートブック"の読まれ方」という記事では，就職部が求人票を掲示する前に就職戦線が動き出すという状況のなかで，「私家版・求人票」あるいは「ミニ就職部」としての「リクルートブック」が，大学就職部の役割を「代行」する現象が現われているとする（SJ 1972.2：39-42）。その特徴は，(1) 就職部の求人票より早く，(2) 大学別に編集された企業情報が，(3) 全国の大学生の手元に無料で配本される点にある。72年当時は，大学就職部を通して就職ガイダンスの頃に配布される形が基本であり，大学就職部が仲介できない場合に個人へ郵送された。

「リクルートブック」のような冊子が就職部と異なるのは，とじ込みの通信ハガキを利用して，興味をもった会社に学生自身がアクセスできることである。協定の実効性を確保するためには，こうした印刷物も規制の対象にしなければならなかった。印刷物のなかには，資料請求ハガキに学生の電話番号を記載させる欄があるものや，企業案内に人事担当者の電話番号が記載されているものがあった。これが，接触解禁前の選考につながるとして規制の対象となったのである。

1982年の文部省から主要就職情報出版企業への通達によると，(1)「採用予定人員，初任給などの労働条件，選考方法」を内容とする企業案内書等については，大学への送付は8月1日以降，学生への送付は9月10日以降とすること，(2) 企業案内書等には，資料請求やアンケート用のハガキを添付してもよいが，資料請求やアンケートと関係のない記載事項を設けないこと，(3)（求

人票掲示の解禁日である）9月10日より前に，学生へ提示される印刷物にハガキを添付してもよいが，求人票，求人要項，会社説明会開催通知文書等の請求項目を設けないこと，と記載されている（文部省大学局学生課1982）．決議遵守委員会のメンバーだった当時，労働省では，就職情報出版企業にたいする指導という形で条件整備をおこなっている．

　今年〔1982年〕も主な就職情報出版企業を集めまして，今年の自主的な協定について十分説明をし，情報誌の巻末葉書に学生の電話番号記載欄を設けるなど，協定違反のきっかけとなるようなことのないように，要請いたしました．これを受けて主な情報出版企業は，労働省の要請どおりやっていこうという申し合わせを行ったのですが，一社がこの労働省の要請にもかかわらず電話番号等の入った葉書を添付したものを作りました．そこでこれは全部〔約20万部〕抹消させるということで対応いたしたこともございました．（関1982: 42）

　こうした規制はそれほど実効性を持たなかったようである．文部省大学局学生課長は，1985年の新しい課題として，一部の企業の案内書に電話番号が入っており，できるだけ自粛してもらいたいこと，企業案内書の送付期日を前倒しして，卒業前年の4月1日以降にしてもらいたいことを，労働省職業安定局長から通知したことを明かしている（井上ほか1985）．企業と学生の関係は，大学を媒介した関係ではもはやなく，二者のみで閉じた関係でもなかった．企業と学生の情報は，就職情報出版企業という第三者，あるいはメディアというより捕捉しにくい媒体を経由して連絡しはじめていたのである．
　その後も，協定違反は毎年繰り返されたが，協定関係者はこれを是正させることができなかった．1984年から就職問題懇談会と就職協定遵守委員会に参加していた，東京薬科大学学長の湯本芳雄は，当時の会議が手詰まりの状態にあったことを伝えている．

　これらの会議〔就職問題懇談会と就職協定遵守委員会〕に出席すると，協定違反の事実を報じた分厚い新聞記事の切り抜きが資料として配布され，〔文

部省から〕大学側に対する事情聴取と反省を促されるのであった．その日の午後は，日経連・商工会議所・中小企業団体中央会等の担当部課長との会談がもたれるのが常であったが，ここでも新聞記事が取り上げられ，大学側から，このような状態が毎年続いては大学はもちろん，企業も社会的信用を失うことになるので，是非とも協定遵守に努力して欲しい旨自重を求めると，決まって「われわれはそのような権限が与えられておらず，まして就職協定は紳士協定であるから，傘下の企業に強制することなどできない」という答えが返って来るのみであった．（湯本 1988: 5）

3.2 協定の揺らぎ——ルールと事実の接近

約 10 年間続いた 10-11 協定は，1980 年代半ばを過ぎると，小刻みな変更を繰り返すようになる．平野は，80 年代半ば以降，「協定を企業に守らせるより，実態に協定を合わせる"現実主義"への傾斜が強まる」と指摘しているが（平野 1991），おそらくその契機となったのは 1985 年 6 月の臨時教育審議会答申（「教育改革に関する第一次答申」）である．

臨時教育審議会は，学歴社会の弊害是正の観点から，新規大卒者の採用の問題を取り上げ，有名校の重視につながる就職協定違反の採用（青田買い）を改め，指定校制を撤廃するなどして，就職の機会均等を確保するよう，企業や官公庁に提言した．この答申を受けて 9 月には文部・労働両大臣と経済団体代表との懇談会が開催され，関係者による協議を推進するよう両大臣から提案があり，大学側と企業側で検討がおこなわれた（高等教育局学生課 1986）．

大学側では，就職問題懇談会において，協定の維持を確認し，夏季休暇の有効活用による期日繰り上げの議論がおこなわれた．企業側では，中央雇用対策協議会が，文部省・労働省に具体案の提示を求めている．企業側としては「臨教審絡み」であるため「政府の側も責任を持って，守れる協定作りに取り組まれ，遵守が可能な具体案が出てくるのではないかと期待」していたのである（井上ほか 1986: 9）．中央雇用対策協議会では，傘下企業にアンケートも実施し，企業の多くが協定の必要性を認めており，遵守する意欲も強いことを確認している．文部省からは，学生と企業の「接触開始」を，現行の 10 月 1 日から 8 月 20 日に繰り上げるという期日案が，1986 年 2 月に中央雇用対策協議会へ出

された．この案が承認され，1986年度に協定は10年ぶりに変更され，「接触開始」8月20日，「選考開始」11月1日となったのである．
　文部省高等教育局学生課長は，「接触開始」期日を8月20日に繰り上げた理由を問われ，「守れる協定」という点が重視されたことを述べている．

　なぜ8月20日にしたかということ，……就職活動というのはやはり大学教育に支障を与えないで，秩序ある形で行われなければならないこと．就職協定をつくった以上はお互いに守らなければならぬ．守らない協定は無意味だというのは当然のことでございます．ですから，期日をいつにするかということは，お互いが一番いいところに設定して，それを守り合えればいいわけでございます．（升上ほか 1986: 17-18）

　現行では企業研究の期間は10月1日から11月1日の1ヶ月間だったが，実際は6, 7月から動き出している．そこで協定のほうを事実に合わせたのであった．答申が協定を名指ししている以上，文部省は立場上，何らかの回答を示さなければならなかったと考えられる[16]．直接的にはそのことが，形骸化しつつあった10-11協定の一部変更につながったのである．
　これ以降の協定はルールと事実の距離を徐々に消失させていくフェーズに入っていく．1987年度の協定では「企業等の説明開始」8月20日，「企業等個別訪問開始」9月5日，「採用内定開始」10月15日とされた（高等教育局学生課 1987）．
　ここでの1つめの変更は，「接触開始」（8月20日）から「選考開始」（11月1日）までの期間を，「説明開始」（8月20日〜）と「訪問開始」（9月5日〜）に分割したことである．これは，8月20日から「短期間のうちに事実上の選考が行われ，学生が十分に企業研究を行う余裕もなく，就職企業の選択を行わなければならなかった等の点が指摘された」ことを受けており，事実を忠実になぞってルールに反映するものであった．
　2つめに，「訪問開始」以降には，文字通りの企業訪問だけでなく，「個別面接・試験等による絞り込み」をおこなうことが可能となった．連動して従来の「選考開始」は「採用内定開始」になった（同時に期日を11月1日から10月15

日に繰り上げ）．1986年度までの「選考開始」は，文字通り，この日から選考が開始されることを想定していたが，じっさいは，「接触開始」以降に事実上の選考がおこなわれ，「選考開始」日に内定が出される状態だった．「選考開始」の文言は，こうした事実に抗して掲げられていた期待であったが，87年度にはついに事実に逆らうのをやめたのである[17]．

事実と期待の齟齬が観察されても，事実に抗して維持される期待を「規範的期待」，齟齬が観察された場合に，学習的に期待を事実に適応させる期待を「認知的期待」と呼ぶことにすると（Luhmann 1972 = 1977），1980年代半ば以後に顕在化していたのは，規範的期待から認知的期待への協定の性格の変化である．

図表4-8は，規範的期待から認知的期待への変化のメカニズムを示したものである．企業と学生は相互行為（求人・求職活動）をおこなっており（下段），協定はこの相互行為に関する期待として相互行為がしたがうルールを定めている（上段）．あるべき姿としての協定は，規範的期待として存在しており（左上段），相互行為がルールにしたがっている場合（左下段）はもちろんのこと，ルールにしたがわない場合（右下段）であっても，ルール違反という事実に抗してあるべき期待を示しつづけるものである．

図表4-8　相互行為と協定の性格

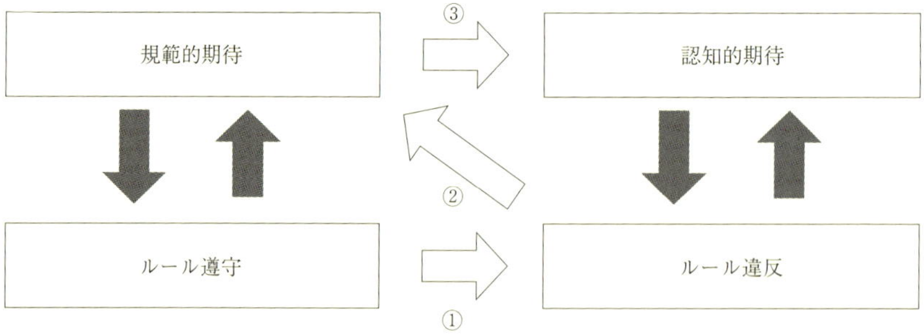

しかし，ルール違反という事実（図表4-8の①矢印）は，人々が「守られないルール」として協定を意味づけることを可能にし，協定の規範的期待としての性格を脅かすようになる（図表4-8の②矢印）．協定関係者，とくに文部省は

臨教審答申で言及されたこともあり，ルール違反に何かしらの対処を講じなければならなかったが，懲罰によって行為を強制することはできず，「人媒体」や「印刷媒体」の規制といった手もすでに打っていた．そこで取られた対処が，事実に合うようにルールを変更することで，ルール違反という事実をなくしてしまうことだったわけである[18]．この変更に伴って協定の性格は認知的期待に変化する（図表4-8の③矢印）．

このような対処によって，ルールと事実の乖離は解消されるが，望ましくない事実を追認するルールからは当為性が失われてしまうだろう．守られないルールに価値がないのと同様に，守るべきものをもたないルールにも価値はないといえる．それは，人々の行為事実がルールとぴったり重なってしまうような状態であり，冗長なだけ（＝「有名無実」）だからである．

最後の変更となった1992年度の協定では，事実をなぞるベクトルが極限まで突き詰められている．「採用選考開始は，8月1日前後を目標として，企業の自主的決定とする」こと，「大学や企業等が主催する企業研究会・説明会の開始は，7月初旬以降を目標とする」こと，「リクルーターとの接触開始は，7月初旬以降を目標とする」ことなど（高等教育局学生課1992a），協定の「カンバン」であった「一律解禁方式」を改め，企業の「自主的決定」とする根本的な変更をおこなったのである（小川1993）．

この変更は企業側の提案であった．すでに1991年6月，経済同友会は教育関連の提言において協定の廃止や通年採用制度の導入を挙げていた（佐々木1992）．協議の席上でも，企業側（日経連，経済同友会）から，企業の自主的決定を基本とする大幅な見直し案が提案され，大学側は前年度と同じ内容での存続を主張したものの，結果的に企業の自主的決定を基本とした見直し案が合意に達したのである（高等教育局学生課1992b）．

当時の新聞も，「採用選考」期日を目標とすることで，「企業がそれ以前に採用活動開始日を設定しても，形式上は『協定違反』にはならない仕組み」（朝日新聞1991.12.11）だと報じている[19]．期日を厳密に定めたところで遵守しない学生や企業が必ず現れるのが協定の歴史であった．そこで，92年度の協定では，「採用内定開始」期日こそ10月1日に固定されているが，それ以外の期日を目標設定にとどめることで，企業に裁量の余地を与えているのである．

第4章 タイミングを制約する 125

過去の協定は，大学側と企業側が別々に申合せをしていたが，1988年から就職協定協議会が発足し，両者が初めて同一のテーブルについた[20]．この就職協定協議会において，1997年，就職協定は半世紀続いた歴史に終止符を打つことになった．

　昨年10月初旬，企業側から就職協定が守られなさすぎるという自己批判の声が上がり，これが就職協定存廃の議論に発展した．大学側は就職協定が果たしてきた役割を評価して，引き続き協定の締結を主張したが，企業側は協定と実態との乖離とそれが教育に及ぼす悪影響，通年採用制度やインターネット利用の拡大など採用動向が変化してきていること，協定は規制緩和の流れに逆行するものであることなどの理由を挙げて，協定締結に反対した．大学側と企業側とは12月に入ってから前後3回，就職協定協議会特別委員会で協議を重ねたが，例年，次年度の就職協定を締結してきた1月になっても両者の意見は平行線のままであった．それで本年1月，平成9年度は就職協定が締結できないことを相互確認しあったのである．（久々宮1997）

　日経連会長の根本二郎は定例記者会見で「学生が学業を終えて社会に出る最初の関門で，企業側，大学側ともに協定を蝉脱しているという状況は，学生にとっていかにもまずい」（星沢1997: 19）と述べている．協定を維持するメリットを企業側がもはや感じられなくなったことが，廃止の直接の原因であったといえるが[21]，1980年代半ば以降，ルールを事実に合わせつづけ，規範的期待としての実質を欠落させてきたことが，廃止という企業側の提案に正統性を与えたのではないかと考えられる[22]．

4　行為と制度の相互規定，政治的埋め込み

　本章では，戦前の六社協定や新卒一括定期採用の普及状況を押さえたうえで，協定の成立から廃止までの変遷を検討してきた．協定という制度は，期日変更や期日遵守の条件整備といったマイナーチェンジから，成立や廃止といった大きな変化まで経験している．この変化の要因を，ルールを適用される側の要因

——行為と制度の相互規定関係——と，ルールを適用する側の要因——政治的埋め込み——として整理して，本章を閉じることにしよう．

　期日変更や期日遵守の規制といった小さな変化は，企業と学生の相互行為がルールに違反することで引き起こされている．企業と学生は，希少な人材・就職先をめぐって競争しており，ルール違反の企業や学生が現れたとき，違反のコストが低ければ，同調して違反する傾向をもつと考えられる．協定関係者には，違反にたいする懲罰手段がなかったため，期日変更や情報流通規制によって，ルール違反に対処しようとする．このようにして，ルール違反の事実は，会議体に認知されて次年度のルールに取り込まれ，そのルールが再び相互行為を規制するという，行為と制度が相互に規定しあう構図が現れていたのである[23]．

　企業や学生は，ルールを押し付けられる側であって，ルールを定める権限をもっていないが，ルール違反を通じた間接的な形で，制度変化に影響を及ぼしていた．ルール違反が制度に与える影響の程度はルールを適用する側の判断に依存しているが，ルールを適用される側がルールにしたがうか否かが，制度の存立を基本的な部分で支えているといえよう．

　このように企業と学生の相互行為のあり方は，制度変化をもたらす重要な要因であるが，協定の成立・廃止や，より大きなルール変更には，ルールを適用する側（行政，企業側団体，大学側団体）が大きくかかわっている．政府や利益集団の利害関係に制度が影響される点で，政治的埋め込み（Zukin and DiMaggio 1990）の一例として，協定を理解することができるのである．

　まず，ルール違反が社会問題に発展し，さらに政治的な回路に乗ることによって，制度は大きな変化を受けやすくなる．1973年度に企業側団体が協定に復帰した際には，青田買いの社会問題化を受けて，労働・文部大臣による企業側団体への働きかけがあった．また1986年度に，10年ぶりに「10-11協定」が変更されたのも，臨教審答申を受けて，労働・文部両大臣と企業側団体との懇談がおこなわれた結果，文部省が「現実主義」的な期日案を出したためであった．いずれの場合も，ルール違反が政治的な問題に発展することによって，大きな制度変化につながっている．

　企業側団体と大学側団体の利害関係も，制度のあり方を大きく左右する．協定を維持したい大学側団体が大きな制度変化のきっかけをつくることはなかっ

たが，企業側団体は 1960 年代と 90 年代の 2 度にわたって協定から離脱し，90 年代の離脱は，協定の廃止という大きな変化をもたらした．ルールを適用する側は一枚岩ではなく，利害の異なるメンバーで構成されていたので，利害の不一致が大きくなったとき，協定は内側から崩壊したのである．

注
1) 新卒一括定期採用は日本に特有の慣行と考えられがちであるが，アメリカのエントリーレベルの専門職 (Roth and Xing 1994) やイギリスの管理職候補 (八代 2002) の採用でもみられる．
2) 就職協定を分析した数少ない研究である中村 (1993) では，「規制を行う当事者たちが規制実施という事実に与える理由付け」としての「規制の論理」に注目し，協定のルールの変更には，青田買い，内定取り消し，学歴社会，ミスマッチ解消といった「その当時の就職問題を解決する手段」という側面があると指摘している．
3) 文部省が発行していた雑誌『大学と学生』(『厚生補導』) には，就職協定を定め，執行する立場にあった関係者による記事が掲載されており，この記事を資料として主に利用する．
4) 第 3 章で述べたように，この調査は資本金 1 千万円以上の会社・銀行 (保険会社と新聞通信は 100 万円以上) を対象としており，当時の大企業の採用慣行を示していると考えることができる．学校段階別の集計がなされていないので，大学，専門学校，中等学校の卒業者であることに注意が必要である．
5) 伊藤彰浩によると，三菱の 1941 (昭和 16) 年の「採用条件細目制定」では，学業成績のほか，年齢と卒業年度に関する詳細な基準が明文化されたという．そこでは「年齢は大学卒業者が 27 歳以下，専門学校卒業者は 24 歳以下とされ，さらに卒業年度は『原則トシテ採用年度ノ卒業者』に限ることとされた」(伊藤 1993: 156)．
6) 通達は「文部行政資料　第七集」に掲載されたものを利用した．この通達は，大学だけでなく，中学校や高校の「新規卒業者を対象とする採用選考並びに使用開始」に関するものである．
7) 1953 年 7 月 6 日付けの通達「文大生 463　大学卒業予定者に対する就職試験について」と「文大生 463　卒業予定者の就職に関し大学が求人側に推薦を開始する時期について」がそれにあたるものだが，資料の制約のため，1955 年の通達を参照する．卒業予定者の「推薦開始」期日を 10 月 1 日とする点は 1953 年と 1955 年で同じである．
8) 三菱商事の採用担当者の回顧によると，採用活動がとくに早期化したのは 1964 年であり，従来，夏季休暇の後におこなっていた採用活動を，オリンピックがあるという理由で，夏季休暇の前にもっていったところ，それ以降，元

に戻らなくなったとしている（SJ 1973.1: 39）．

9）採用担当者の座談会によれば，一部の大学は自由応募，その他の大学は学校推薦という「併存状態」が 1960 年から 1971 年頃まで続いており，多くの大学にも自由応募が波及したのは 1972 年の入社者からであるという（SJ 1973.1: 39）．この証言が正しいとすれば，1970 年代初めまでの自由応募は一部の学生だけが「特権」として手にすることができる「自由」だった．

　大島（2012）は，この頃に協定から「推薦」の文字が消えるようになることに注目し，大学が学生を推薦する機会が激減したことを指摘している．図表 4-5 をみると，1976 年度以後に「推薦」の文字が「求人活動」「接触」「説明・訪問（選考）」といった言葉に変わっている．こうした言葉の変化の背景には，1970 年代半ば頃に多くの大学で自由応募が主流になったことがあると考えられる．

10）ルールの違反／遵守という選択が，各企業（学生）の閾値に依存すると仮定すれば——ルール違反が何社（何人）になったら自分もルール違反を選択するか——，グラノヴェターの閾値モデルによる説明になる（Granovetter 1978）．また，起点となる採用活動（就職活動）が，事実ではなく予想だとすれば，協定破りは，マートン（Merton, R. K.）が「予言の自己成就」として定式化した，銀行の取り付け騒ぎや黒人のスト破りなどと同種の現象だとみなすことができる（Merton 1957 = 1961）．

11）もっとも，両者は独立に申合せや決議をおこなっていたわけではない．1982 年の例で確認しておくと，中央雇用対策協議会の結果を受けて，大学側は就職問題懇談会を開催し，就職問題懇談会の終了後，企業側と大学側が「企業と大学・高等専門学校との間の求人求職事務に関する打ち合わせ会議」で協議して，求人票送付日と学生公示日が決定されていた（文部省大学局学生課 1982）．

12）この間，協定の不備によって自殺した学生の報道があった．この学生は，協定どおりに 10 月 1 日に会社訪問したところ，すでに内々定が出されており，訪問するのが遅すぎると言われたことで，悲観して自殺した．当時，労働省には「正直者がばかをみるのでは何のための協定なのかというたくさんの投書が寄せられた」という．

13）苅谷ほか（1992）では，指定校制から自由応募への変化や，決議遵守委員会の設置が，先輩後輩関係というセミフォーマルな関係を発展させ，大学別就職機会の格差を見えなくさせたと指摘されている．苅谷編（1995）も参照．

14）これらの求人広告の多くでは，大学構内で開催される就職説明会の案内があり，160 社を集めた法学部・経済学部の就職説明会が，夏季休暇を利用して 9 時から 16 時まで「講義なみに」おこなわれるという．「内勤事務職員 42 名採用予定　入社希望者は本社人事部人事課へお越し下さい」「就職について質問のある方は（月曜日〜金曜日）2 時から 4 時まで本店・人事部へおいで下さい」などと会社訪問を呼び掛ける広告も確認できる．

15) 『80'リクルートブック大学版』によって冊子の構成を確認しておく．この冊子は上下巻となっていて，上巻には，1980 年度版の「リクルートブック」として発行された「就職情報編」と「就職速報」に掲載された 3456 社が掲載されており，下巻には，全国を 14 ブロックに分けた「地域別大学編」に掲載された 1620 社が収録されている．これ自体は一抱えほどある巨大な冊子であるが，学生に届くのはこの一部である．それでも電話帳ほどの厚みがあった．
　企業情報は，上巻では各社に 1 頁が割り当てられており，下巻は見開きの 2 頁が割り当てられている．フォーマットはほぼ統一されており，各記載項目について各企業が執筆した内容を，日本リクルートセンターが編纂したものである．記載項目は，「当社の特徴」「当社のあらまし」「トップからひとこと」「人事面の方針・制度」「待遇と勤務」「応募について」「連絡先」となっている．「応募について」には，応募資格／採用予定学科／職務内容／会社説明会／会社訪問といった下位項目があり，「連絡先」には担当者名と電話番号，手書きの地図が添えられるなど，情報がコンパクトにまとめられていた．
16) 夏季休暇は，遠隔地での就職活動に支障がすくないため，地方の学生と都市部の学生の機会均等確保の取り組みとして提示できる点でも好都合であったと推察される．
17) 図表 4-5 で 1986 年度以前に「内定」の文字があるのは，実態としては内定がおこなわれていたことを示したものだと考えられる．
18) ある採用・就職活動が「違反」となるか否かは，構成的規則の有無に依存している．サールは，規則と独立に成立する活動を統制する「統制的規則」（regulative rule）と，成立が規則に依存する活動を構成し統制する「構成的規則」（constitutive rule）を区別している（Searle 1969 = 1986: 58）．
19) 「有名無実解消できるか」という見出しで変更を伝えたこの朝日新聞の記事は，就職協定は「企業による大学生の『青田買い』の横行で大学側の学事日程を混乱させないようにするため，企業側と大学側が結んだ紳士協定」であるが，「ここ数年は『優秀な人材の確保』を目指す企業側と『有名企業への高い就職率』を学生集めの武器にしたい大学側の思惑が絡み……現行協定を無視した採用・就職活動が常態化していたのが実情」であり，今回の変更は「産学双方が『まずまずの成果が上がった』と評価する今年度並みの採用・就職活動の実績を今後も維持していくため，ルールを緩めたのがポイントだ」と解説している．
20) 就職協定協議会は，大学等関係団体（9 団体）からなる就職問題懇談会と，企業等関係団体（50 団体）からなる大卒等採用問題懇談会によって構成されており，それぞれが委員会組織をもつとともに，共同で特別委員会を設置し，協議にあたった．2 つの懇談会から世話人を選出して世話人会が組織され，就職協定は最終的にそこで決定されていた（文部省高等教育局学生課 1992b: 50）．
21) 日本労働研究機構の企業調査によれば，協定廃止の利点として「採用スケジュールを自由にたてることができた」「本音と建て前を使い分ける必要がなく

なった」といった点を挙げる企業が多かった（日本労働研究機構 2000）．
22) 1997 年度から，企業側は「倫理憲章」を，大学側は「申合せ」をそれぞれ定める形となった（文部省高等教育局学生課 1997）．倫理憲章において「正式内定日」は 10 月 1 日以降と定められたが，他の期日は各企業に委ねられた．期日設定による一律の規制ではなく行動倫理（情報公開，学事日程の尊重，公正な採用活動など）であった．大学側の「申合せ」は協定を踏襲しつつも，（求人票の受理・公示や企業研究会等の開催など）いくつかの点で各大学の自由度を増した内容であった．
23) 制度と行為が互いの前提となる関係は，ギデンズの「構造の二重性」——構造が行為を生産し，行為が構造を生産する——の考え方と基本的な部分では合致している（Giddens 1993 = 2000; Giddens 1984 = 2015）．

第5章

スクリーニングとしての面接試験

1 誌上面接の定点観測

　本章では，1970年代から2000年初頭を対象に，面接試験という場で職業能力の推測がどのように企図されていたかという点を，就職情報誌に掲載された面接に関する記事を材料として検討する．作業の開始にあたり，第2章で抽出した人物試験の2つの問題を確認しておこう．

　1つめは，私的情報の質確保の問題である．企業のスクリーニングは学生の提示する情報に依存しているが，学生の機会主義的行動，企業の不用意な助言，「戦術」情報の流通によって，質の悪い情報をつかまされる可能性が存在した．2つめは，個人と企業の利害調整の問題である．働くことに関する個人の動機と企業の期待の不一致が認識され，両者の調整という問題構成が現れていた[1]．

　本章では，職業能力の推測に障害となるこれらの問題にたいして，私的情報を処理し開示する〈手続き〉の適正化という対処が試みられていたことを明らかにする[2]．また，雇う／雇わないの決定の局面に目を向けると，戦間期には「人の先きに立っている採用者は一見して人の心が分からぬ筈はない．善人は採用されて，悪人は拒絶されることになる」（壽木 1929: 207）とか「長年人間を扱いつけて来た海千山千の委員たちがみるのだからすぐわかります」（読売新聞社社会部 1931: 8-9）など，決定を正統化する根拠として，スクリーニング主体の能力を召喚する発言がみられる．本章では，手続きの適正化という対処において，採否の〈決定〉の正統性がどこから調達されているかという点もあわせて検討したい．

　こうした問題関心は，企業と学生の相互行為に課された制約，つまりゲーム

のルールとしての制度（North 1990 = 1994）を解読する作業を要請する．とくに制度の認知的・文化的な側面，すなわち面接という相互行為状況において，適切／不適切といった行為のコードを定義する境界画定作業（Boundary Work）が注目される．新制度派組織論の用語系では，ここでの分析レベルは，ディマジオがスクリプト（台本）とよぶレベルであろう（DiMaggio 1990; 渡辺 2002）[3]．ゴフマンの分析視角でいえば，面接という〈舞台〉における〈演出〉のレベルに照準を合わせることだといえる．

本章で利用するのは『就職ジャーナル』（リクルート社）の面接記事である．『就職ジャーナル』は，1960年代から2000年代にかけて，就職に関する実践的な情報を幅広く提供した雑誌であり，模擬面接など，面接試験に関する採用担当者（および編集部）と学生のコミュニケーションを観察する目的に適している．

この雑誌では企業一般の就職に役立つ情報提供が志向されていたと考えられるが，面接に関する記事では大企業の採用担当者の登場が多く，バイアスをもったデータである．したがって，誌面から二次的に構成されたスクリプトが，真のスクリプトであるとか，すべての面接を代表するとはいえない．序章で述べたように，ここでは，「現実はこうなっている」と社会的現実を提示する認知図式として，誌面の情報を位置づける．雑誌の読者のなかには，就職活動の結果，誌面の対策が妥当せず，偏った内容だと考えた者がいるかもしれないし，自社との違いを感じた採用担当者もいるだろう．そのような学習による修正や分散を許容する一次近似とみなして解読することになる．

関連して誌面のジェンダーについてもここで述べておく必要があるだろう．別の箇所で確認したように，女性の大学進学率が上昇していくのは1980年代半ば以降である．とはいえ1985年に制定された男女雇用機会均等法は，募集・採用や配置・昇進チャンスにおける女性差別の撤廃を努力義務としていたし，1997年の改正で差別が禁止されたのちも，統計的差別の可能性は残った（熊沢 2000; 武石 2001）．

時系列に『就職ジャーナル』の誌面をみていくと，1970年代から90年代前半までは，女性のみを対象とした記事があり，ジェンダー化された構成になっている．たとえば1973年の「大卒女子の職場」（全7回）という記事では，同

じ業種で働く大卒女性社員が座談会形式で仕事の内容や働き甲斐を語っているが，大卒「男性」の職場という記事はない．外資系企業で働く大卒女性（1974年の「仕事に挑戦する女性たち」全10回）や，専門職の大卒女性（1975年の「ルポ・スペシャリストをめざす女性たち」全8回）のルポなど，多くの日本企業が大卒女性の採用に消極的であった現実をなぞっているのが読み取れる．誌上の模擬面接において，たまに女性の応募者が登場しても，男性とは別立ての面接であり，しばしば，結婚，就業継続，職業観といった女性特有の話題が言及された．

1980年代の誌面には，大卒女性の就職の厳しさを伝える記事や，就職が決まらない大卒女性を鼓舞する記事を確認することができ，性別によって異なる記事が掲載される傾向は続いている．1982年に始まった「女子学生応援版」という記事は，バブル景気のなかでも継続的に構成されており，いわゆる就職氷河期には，女性の就職の厳しさを伝える多くの記事が掲載された．

このように1980年代半ばまで，女性は男性と区別されて取り扱われていたのであり，誌面における企業の〈演出〉の対象も，それまではおもに男性が想定されている．結果として本章の分析がジェンダー化された誌面をなぞっていることに注意されたい．

誌面では自己PRと志望動機に関するアドバイスが常に語られている．本章では，学生の私的情報の質確保の問題を自己PR，個人と企業の利害調整の問題を志望動機の論点として検討していく．創刊時から1990年代半ばまで，面接試験の情報は，模擬面接という形で数多く記事化されている（図表5-1）．模擬面接（以下では「誌上面接」とよぶ）は，銀行志望の回，メーカー志望の回といった形で業種別に行われ（1号につき1業種），就職シーズン中に連続して掲載されていた．誌上面接には企業の採用担当者が実名で登場するのが基本である．また，あとでふれるが，1980年代半ば以降，面接を特集した記事（以下「特集記事」とよぶ）が目立つようになる．本章ではこの誌上面接と特集記事がおもな検討対象となる．

図表 5-1 模擬面接件数

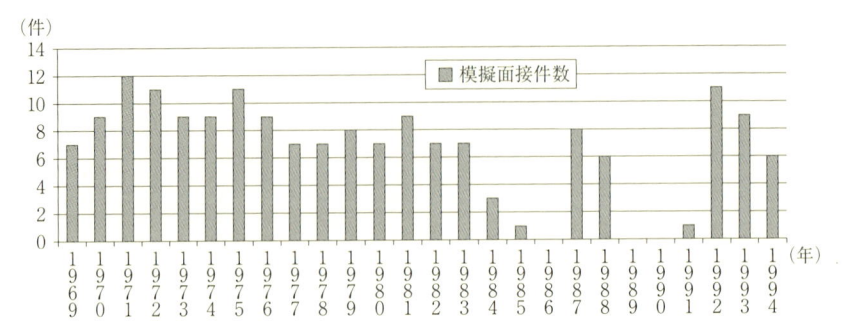

出所:『就職ジャーナル』目次より作成.

2 行為を制約するロジックの諸相

2.1 自己 PR のシグナル化

　私的情報の質確保の問題への対処として，自己 PR に課された制約は，過去の具体的な体験を証拠（エビデンス）として提示することであった．誌上面接ではそれが，学生時代の体験に具体性を伴わせて提示せよ，というアドバイスとなって現れている．いくつかの事例でそれを確認しておこう．1979 年 5 月号の誌上面接において，ある銀行の人事部採用課長は，編集部から銀行業界を志望する学生へのアドバイスを問われ，次のように答えている．

　　どの業界へ進むにせよ，いちばん大事なことは，何の分野でもかまわないから，きわめて充実している学生生活であると自分自身も思い，他人にも思わせるような四年間を過ごすこと，いまからでも，時間は十分あります．また，面接の場において，われわれに何か示してくれる場合に，常に大切なのは実績の裏づけです．これが欠けると，いきおい話の内容が突っ込みのたりないものになりがちです．（SJ 1979.5: 119）

　この発言を受けた別の銀行の人事部副参事も「面接では，自分の企業の土壌で，その人がどれだけ育つだろうか，を判断するわけで，その材料が，学生生

活における実績ということになりますね」と、「学生生活における実績」が入社後に「どれだけ育つ」かを推測する証拠になるとする。

「学生生活」の内容としては、どの時点でも、学業からクラブ活動（サークル活動）、アルバイトなど多様な活動が許容されている。同年11月の「面接徹底研究第三弾　もう一度確認しよう　面接試験の準備は万全か？」という記事では、専攻科目とクラブ活動に関する質問が多いとしつつ、「クラブやゼミナールの経験がなくても、一つの事を成し遂げたことを強調することが必要ですよ。どんなささいなことでもいい。それを誇りに思って、積極的に売り込むことが大切なのではないでしょうか」という大手商社の人事担当者の発言を引いている（SJ 1976.11: 135-6）。「実績」の意味については、「学生生活で得たこと」や「一つの事を成し遂げたこと」（SJ 1976.11: 135-6）のような達成結果から、「いちばん熱中したこと、誇れること」（SJ 1979.6: 128-9）のような体験そのものまで、発言者や時期によってある程度の幅がある。

対象となる私的情報の内容に限定がないことから、介入の照準は、私的情報を処理・開示する手続きに合わせられていたとみることができる。それが〈体験の具体化〉の要請となって現れていたのである。

たとえば、生命保険会社の人事部内務研修課長は「学生生活三年間の中で、U君がいちばん熱中したこと、誇れることは何だといえますか」という質問に、副ゼミ長としてゼミをまとめるのに苦労したと述べた学生について、「もっと、どういうことがあって、どういう経緯で大変だったのか——具体的エピソードをいくつか話してもらえるとよかったです」と指摘したうえで、保険業界を志望する学生に向けて「要は、自分という人間をどうやってわかってもらうか、ということだけだろうと思う。ですから、何も包み隠す必要はありません。ただ、他人にわかってもらうのですから、効果的に表現する手段というのは、その人その人によっていろいろとあろうかと思います。そのへんは、やはり一度考えておくべきだと思います」（SJ 1979.6: 128-9）と「効果的に表現する手段」を強調する。

具体化とは、情報量を増加させる手続き面での要請であり、情報の送り手にけ具体化させるコストが課される。そうして自己PRにコストが課される理由としては、自己PRをシグナル化するためであると考えられる。情報発信にコ

ストがかからないメッセージをチープトーク（Cheap Talk）というが（Farrel and Rabin 1996），チープトークはシグナルにはならない．シグナルが職業能力の差異を示す理由は，そのシグナルを獲得するコストが人によって異なるからであり（Spence 1973），誰にとっても等しいコストであれば，シグナルとして機能しないからである．さきほどの例だと「副ゼミ長としてゼミをまとめるのに苦労した」に類する体験をもつ人は複数いるだろうから，この抽象度では個人レベルのスクリーニングに役立たないのである．

　コストによる制約は，応募者同士の比較に役立つだけでなく，情報の信頼性も増加させる．抽象度が高ければ（＝具体化コストが低ければ），自分にとって都合のよい発言（機会主義的行動）ができるが，具体的にといわれると難易度が上がるからである[4]．たとえば「協調性がある」とか，「バイタリティがある」というのは簡単であるが，そのように評定させる体験を示すのは難しくなる．情報量が多いことは，それ自体で応募者の職業能力を推測する精度を高くするのである．

　自己PRに具体性が要請されると，学生ほどではないにせよ，企業の情報伝達形式も制約をうける．それが読み取りやすい場合として「最初にあなたの人物像が非常にわかりやすいように，自己紹介をしてください」という質問から開始される「総合商社志望の学生の巻　自分自身をきびしく見つめよう」という記事を挙げよう（SJ 1976.4: 48）．この質問では「あなたの人物像が非常にわかりやすいように」と述べることで，開示を期待されている情報が，出身大学・学部・氏名といった，通り一遍の自己紹介以上の内容であることが示唆されているわけである[5]．

　もっとも，質問がなされるコンテクストを読まねば，自己PRと理解できないような伝達の仕方もある．1977年5月の誌上面接では，当時のメディアを賑わせていた「排他的経済水域」（「二〇〇カイリ問題」）をどう考えるかが話題になっている．時事問題は，一見すると正解がある問いかけであり，「自分」とは関係がないように思える．ところが，ダイエーの人事統括室主席は「常に自分なりの問題意識をもつことです．二〇〇カイリ問題でいえば，でてくる答えが新聞などで紹介されている程度のことは，だれでも話すことができます．問題は，自分なりにどう考えたかということです」（SJ 1977.5: 85）と述べる．

面接者の期待は，新聞記事のように手際よく事実をまとめることではなく，「自分なりにどう考えたか」を相手に理解させることにあるというアドバイスである．つまり，時事に関する質問を，自己の情報を開示する機会として理解することを期待する，日常会話とは異なる独特のルールが存在する．被面接者は，雇う／雇わないの判定という場のコードを，ふまえる必要があるのだ．

　それにしても，学生時代の体験から推測される職業能力とは，一体どのようなものだろうか．日本経営者団体連盟の能力主義管理研究会が1969年に出した報告書『能力主義管理——その理論と実践』は，従業員格付け制度として，職務遂行能力を基準とする職能資格制度を提起して，日本企業の人事労務管理に大きな影響を与えた[6]．そこで能力主義管理の能力観を補助線としてこの点を考えておこう．

　能力主義管理における能力とは，①職務を遂行する能力で，②職務ごとに個別的であり，③業績として顕在化されるものである．④体力・適性・知識・経験・性格・意欲の6つの能力形成要素から構成されており，⑤質量ともに可変性をもつと想定されている．

> 能力とは企業における構成員として，企業目的達成のために貢献する職務遂行能力であり，業績として顕在化されなければならない．能力は職務に対応して要求される個別的なものであるが，それは一般には体力・適性・知識・経験・性格・意欲の要素からなりたつ．それらはいずれも量・質ともに努力，環境により変化する性質をもつ．開発の可能性をもつとともに退歩のおそれも有し，流動的，相対的なものである．（日経連能力主義管理研究会 1969: 55）

　職務遂行能力が職務に依存しており，努力や環境次第で変化することは，新規学卒者の採用における能力主義の直接的な適用を難しくする．というのは，新規学卒者はまだ職務に就いておらず，文字通りに考えると能力はゼロ（「ほとんど職務能力としては白紙の状態」）だからである（日経連能力主義管理研究会 1969: 228）．したがって，求人時には（職務ごとに能力要件を明確にしたうえで）「潜在的職務能力」（日経連能力主義管理研究会 1969: 230）や「将来つけるべき職務に対する可塑的適性」（日経連能力主義管理研究会 1969: 254）を見つけ出すこ

とになる.

　特に流動的な労働市場から適性者の選抜を考えるのではなく，終身雇用を前提にして新規学卒者を中心に適性を考えるわが国企業では，「ある人がどのような職務の方向に向かって育成され，また努力することが向いているかという可能性，あるいは可塑性」が問題である.
　われわれが「適性」の問題を考える上で大切なことは，それが能力開発，育成計画など〔と〕密接不可分の関係にあるということである．すなわち，従業員が最初に採用，配置された職務を一生やってゆくだけならいざ知らず，段階的により高度の職務へと進めて，従業員の満足をはかるとともに，企業自体としても人材活用を行なうためには，将来つけるべき職務に対する可塑的適性を考えることが特に必要になってくる．このように従業員1人ひとりの能力伸長という時間的要素を考慮に入れた適性概念が能力主義時代のわが国企業には特に必要になるものと考えられる．（日経連能力主義管理研究会 1969: 254)

　以上から，能力主義管理においては，幅広な能力要件への対応や能力伸長の可能性（伸びしろ）が，採用時に推測すべきものだといえよう．さまざまな論者が指摘するように，このような能力観は，サロー（Thurow, L. C.）の仕事競争モデルと整合的である．
　仕事競争モデルにおいて，労働者は仕事の機会を獲得するため競争しているが，事前に十分な職業能力をもっておらず，就職後の職場訓練（OJT）によって職業能力を習得する．採用前の労働者は職業能力をもっていないものの，訓練費用に影響する「背景となる特性（教育，生得能力，年齢，性，個人の習慣，心理学のテストの点数など）」をもっている．そこで採用する側は，訓練費用の指標である背景特性にもとづいて労働者候補を順位づけし，行列（仕事待ち行列）の先頭から仕事の機会がなくなるまで労働者を雇用する（Thurow 1975 = 1984).
　能力主義は学歴や年齢による集団管理ではなく個人の能力による個別管理を志向するので，面接のような個人を評価するツールと親和性が高いといえる．

しかし，学生には職務遂行能力がないので，学生時代の体験のような，入社前の個人ごとに異なる背景特性によって，能力要件への適合度や能力伸長の可能性を推測している．仕事競争モデルにしたがえば，学生時代の体験と職業能力の関連は，このように想定できるだろう．

2.2 〈仕事からの／への自由〉のベクトル

創刊間もない1968年9月の内定者座談会では，内定者から「就職先の選択にあたっては，企業の大小は二の次に考えること」という意見と「同じ仕事をするのであれば，全体的に条件の良い大企業へ行くのが普通」という意見がでており，「"就社"か"就職"か」という見出しがつけられている（SJ 1968.9: 70）．ここでは，仕事を欲望する「就職」と企業を欲望する「就社」のあいだに一筋の分断線が引かれ，二者択一的な選択として差し出されている．以下では，志望動機の示し方のなかに，自己PRと同様の具体化要請が，個人と企業の利害調整の問題系を伴って現れる様子を検討する．

誌面を通覧すると学生の「就社」志向は常に否定的な評価を受けている．1976年の記事では，志望動機を尋ねると「将来性があるから」という回答が多いが，採用担当者はこうした回答に「会社の将来が安泰なら自分の将来も安泰だろう，という安易さ」を感じるという指摘があり（SJ 1976.11: 135-136），約10年後の1988年の採用担当者座談でも「まだ就職より就社という傾向が強いな．そうやって自分の具体的な希望を熱意をもって語られれば，人事としてはやはり好感を抱く」とか「入社後の気概というか意気込み．入社したら自分はこういう仕事がやりたい，といった具体的な希望を，青臭くてもいっこうにかまわないから，ぜひアピールしていただきたい」といった発言がある（SJ 1988.9: 24-37）．

最後の引用のように，企業側は志望動機を仕事，とくに具体的な仕事の表明機会としてしばしば提示している．しかし，仕事の具体化というこの要請は，日本企業での働き方を考えると，いささか奇妙である．よく知られているように，日本の人事部には「ヨコの内部労働市場」を管理する「強い人事権」があり（山下 2008; Jacoby 2005＝2005），職場や職種を越えた異動が起こるからである．1971年の「じゃあなる面接道場」では，その年の誌上面接のまとめとして，

採用担当者と学生代表が鼎談しているが，そこで議論となったのも，なぜ企業は仕事の希望を尋ねるのか，という点であった．

希望した仕事に就けるわけではないだろう，という学生の指摘に，担当者も保証がないことを認めている．定期採用では仕事にたいして人を募集することが難しく，さまざまな仕事を想定して「それらの仕事に向く人，いうなれば可能性のある人を求める」という形になるからである[7]．しかし，「それでは最初からぜんぜん何もなくて飛び込んでよいかというと，構えとしてはそれは適当ではない」として，議論は個人と企業のあるべき関係という論点へ接続していく．

なんのアテもなしに，ただご飯が食べられればいいとか，どこかカッコのいい会社に入ったということで満足しておったら，自分の主体性というか交換価値を主張することができなくなる．つまり，入社したらどんな仕事につきたいかと私が被面接者にきびしくたずねるのは，その人がどれだけの主体性をもって就職に望もう〔ママ〕としているのかを知りたいからです (SJ 1971.8: 146)

この観点からすれば，「個人の目標と企業の目標がどこかかみ合うところ」がなければならず，「学生活動家」や「ヒッピー」といった「働くということにインタレストを持たない人」は「採用してもしようがない」ことになる．しかもこの担当者によれば，たとえ「働くということにインタレスト」を持っていたとしても，個人と企業の目標は現在，乖離しているという．

いまは会社の目標だけがアップしているということですよ．それは考えてみるとやはり不健全でしょうね，いま個人の目標を探しだすとすれば安定のみなんだ．それじゃ結局ブラサガリだけだものね．とにかくサラリーマン根性というやつだ．(SJ 1971.8: 146)

仕事というものは与えられるものじゃなくて，その中に入っていって，新しい会社をおれたちはつくり上げていくんだという意欲を，やはり期待した

いと思うんですよね，参画意識みたいなものが．そういうことで単なる受身ではダメだということをいっているわけです．(SJ 1971.8: 148)

つまり「主体性」「参画意識」「サラリーマン根性」などのシグナルとして，希望する仕事の情報を用いるということなのである．
　同様の内容は別の視角から，「仕事からの自由」と「仕事への自由」の差異として表現されている．従来の「人間性の回復」は「仕事からの自由」や「解放」を意味していたのであるが，それは「仕事から逃避すること」にすぎなかった．しかし，それでは「仕事の主人公になることができない」のであって，「企業の中にいる限りは，仕事を通じて人間性の回復をはからなければならない」．そこで，企業と個人がともに「仕事の中により価値の高いものを求めていくこと」が期待される，という主張である．

　　たしかにこれまでだと仕事からの自由というか，解放を求めざるを得なかったんです．それは仕事から逃避することを意味した．しかしそれではいつまでたっても仕事の主人公になることができないわけですよ．それではいつまでも仕事をすることが苦痛になってしまう．しかし，企業の中にいる限りは，仕事を通じて人間性の回復をはからなければならない．そして，お互い，より仕事の中により価値の高いものを求めていくことが望まれるわけですね．そのことも企業の方では考えている．つまり，単に作業だけをやればよいというんじゃなくて，仕事の主人公になるような要素を持ったものに変えていく．ですから，最近，仕事革新なんという言葉が使われている．一方，こんどは社員の側からすれば，いかに自分の仕事を充実させていくか，最近，エンラージメントとか，エンリッチメントということがいわれていますが，双方がそのような形でつき合わせていくことによって，かなりの問題が解決されていくんじゃないかと思う．(SJ 1971.8: 148)

〈仕事からの自由〉は非経済的報酬を仕事の外で得ること，〈仕事への自由〉はそれを仕事のなかで得ることと定義できる．〈仕事からの／への自由〉というこの区別が，個人と企業の欲望の利害調整という問題系に位置づけられるこ

とは明らかであるが，ここでは具体的なコンテクストを2つ指摘しておきたい．「エンラージメントとか，エンリッチメント」への言及があるように，1つめの文脈は，ホーソン実験による「人間性の発見」以降に開始された，いわゆる人間関係論の系譜に連なるモチベーション理論である．

アージリス（Argyris, C.）は，個人と公式組織の特性を分析して，両者の自己実現（Self-actualization）のあいだに不一致を見出す．すなわち，個人は成熟するほど，公式組織の要求にたいする葛藤や欲求不満などを生じさせ，それらに順応するための「非公式な行為」を取るようになる．これにたいして経営者は，独裁的なリーダーシップを強め，公式組織の構造の明確化と厳格化で対応するが，そうした対応は「人間的な諸問題を減少させるかわりに，最初からの問題を永久的なものにし，新しい問題をあらたにつくっていく傾向」がある（Argyris 1957 = 1970: 262-263）．

個人と公式組織の不一致を軽減する方策として提案されたのが，個人の欲求と組織の欲求を両立させる管理者のリーダーシップであり，そして，職務拡大（Job Enlargement）——課業（task）を増やして多くの能力を発揮する機会を与えたり，細分化された課業を1つにまとめたりすることで，個人の欲求を満足させること——であった．

また，ハーズバーグ（Herzberg, F.）は，職務への不満足が経営方針や作業条件，人間関係，給与といった職場環境（衛生要因）に影響されるのにたいし，職務への満足は職務の達成や承認，仕事そのものの魅力などの職務内容（動機づけ要因）に影響されることを発見し，「人々に対して自己実現や成長を経験できる，意味のある職務ないし課業を提供」（岸田・田中 2009: 99）するため，動機づけ要因を組み込んだ職務設計として職務充実（Job Enrichment）を提案したのであった（Herzberg 1966 = 1968）．

課業の増加・統合による多様な能力の発揮（職務拡大）も，職務内容の魅力向上による内的な動機づけも（職務充実），仕事（≒職務）が与える非経済的報酬を増やすことによって，個人の組織にたいするコミットメントを調達する志向をもつ．企業のものでも個人のものでもあるという仕事の両義的な性格を利用し，個人と企業の「インタレスト」の乖離を，仕事という蝶番によって首尾よく止揚することが目指されるのである．

ローズ（Rose, N.）は，仕事が自己を生産・発見・経験する活動になっており，個人は仕事から（from work）解放されるのではなく，仕事のなかで（in work）実現されねばならなくなっていると現代の状況を捉えているが（Rose 1999: 103-104），そうした新しい労働者概念のアメリカにおける良き解説者が，まさにアージリスやハーズバークたちであった．

　他方，「安定」志向や「ブラサガリ」，「サラリーマン根性」といった言葉は，管理職ポストの不足に伴う，中堅ホワイトカラー層のモラール管理という，当時の雇用管理上の問題がもう1つのコンテクストとなっていることを示唆している．

　『能力主義管理』では，職務や役職の序列と異なる従業員格付け制度として職能資格制度が提起されたわけであるが，能力による個別管理の要請には，以下のような理由が伴っていた．①国際競争激化への危機意識を背景として，間接部門の労働生産性を向上するために「人事労務管理の革新」が要請されたこと，②進学率の上昇（＝高学歴化）や従業員構成における中高年層の増加が，賃金上昇や昇進圧力をもたらし，年功制を困難にすること，③（とくに大卒ホワイトカラーにおいて）進学率の上昇による同一学歴内の能力のばらつき拡大や，勤続と能力伸長の相関が技術革新によって弱まることで，学歴別勤続年数別管理が機能しなくなること，などである（佐藤 1999: 9-10）．

　オイルショック以降，経済成長にかげりがみえ，組織の拡大ができなくなったにもかかわらず，管理職候補である大卒男性ホワイトカラー（いわゆる団塊の世代）の増加が進行し，役職不足が深刻化した．1970年代以降，職能資格制度の導入，役職と資格の分離，キャリアの多元化といった対応策が実施されていくが（日本労働研究機構 1997），そうしたなかで，大卒者への期待は，未来の管理職から職務遂行能力の発揮を期待される存在へと変化していく．先記したモチベーション理論にくわえて，こうした日本的雇用システムの軌道修正という歴史的条件も，おそらく〈仕事への自由〉という論理の背景にあったものである．

　さて，〈仕事への自由〉の論理による利害調整問題への対処にたいして，学生は「会社にとって利用価値のある主体性とか意欲にすぎないのではないか」とか「何か魅力に感じるが，やはり企業体制内の歯車にすぎない」などと食い

下がっている.

　その生きがいというのは，企業の利益追求の裏がえしの形じゃないですか．生きがいを求めろ，求めろという．それは，結局，企業に奉仕しろ，奉仕しろということでしょう．(SJ 1971.8: 150)

　ゼリザーは，19世紀のアメリカにおいて，保険という社会技術によって生命と貨幣を交換することに，禁忌に近い反発があったことを指摘しているが (Zelizer 1979)，この場面では，個人の「生きがい」追求と「企業の利益追求」の等価交換への忌避が表明されているのである．生命＝「聖なるもの」の役回りは，ここでは「生きがい」によって担われているといえるだろう．
　1971年という時点で〈仕事への自由〉に同意が得られない背景には，企業の社会的責任が厳しく問われた当時の社会的状況があるだろう（梅澤 2000）．1960年代末には4大公害訴訟で企業が相次いで提訴され，1970年に公害関連法案がいわゆる「公害国会」で成立するなど，負の外部性をもたらす企業の利益追求行動，あるいは市民と企業の利益相反は，誰の目にも明らかな事実として映じていただろうからである．
　ただし，個人と企業の利害の相剋性は，労働者と資本家の敵対性を与件とする「資本と労働の対立」という意味論 (Luhmann 1988 = 1991: 150-177) の下で，就職する学生にもっともするどく感受されたといえる．本節の最後にその点を確認しよう．
　1960年代の学生新聞では，「写真ルポ6・4ストの全学連」といった学生運動の動向を伝える記事と有名企業の求人広告が，しばしば同一紙面に掲載されている（東京大学新聞 1960.6.8 4面）．1968年6月の『東京大学新聞』でも「安保破棄で都心デモ」といった記事と並んで「青田刈り盛ん」という記事が掲載されており，本郷のアーケードで「今から，重役に会ってみませんか」と背広を着た人が熱心に学生に話しかける様子を伝えている（東京大学新聞 1968.6.3 7面）．デモをする学生運動家と重役に会いに行く学生の姿を1つの像に結びつけることは難しい．この矛盾を止揚する論理も1960年代には存在していたのである．

高度経済成長期の労働力不足のなかで,「赤の学生お断り」という企業の強硬な姿勢は軟化していたようで, 1961 年に掲載された「『就職転向論』の周辺　花嫁修業中の学生たち」という記事では「『多少アカがかっていても優秀なものなら採用する』傾向は昨年来のもので, 大丈夫使いこなしてみせるという HR〔人的資源管理〕への自信を語る人事課長は多い」(東京大学新聞 1961.9.13 4 面) と伝えている.

　企業の積極姿勢とは裏腹に, 運動から「転向」して企業の幹部コースを歩むことに, 複雑な感情を抱く学生もいた.「HRへの自信を語る人事課長」の談と同一紙面に載った宮澤賢治の詩のパスティーシュは, 彼らの誇張された自画像だとみることができよう.

　デモにも行かず／カケにもまけず／酒にもバーの女にも溺れぬ／健全な思想をもち／●〔判読不能〕はあり／決してイカレず／いつも『優』の数をかぞへている／一日にコネさがしと／バイトと少しの読書をし／あらゆることを／自分の就職に結びつけ／よく会社研究をし／そして忘れず／大学の近くの小路の裏の／小さな下宿屋の三畳にいて／東に重役の娘あれば／行って仲良くなろうとし／西に社長の母あれば／行ってそのご機嫌をとってやり／南に死にそうな友あれば／行って競争者が減るのは助かるといい／北にストさわぎの会社があれば／労務管理はオレにまかせろといい／一社けられてなみだをながし／二つふられておろおろあるき／みんなにインポテとよばれ／バカにされても／苦にはしない／サウイフモノニ／ワタシハナリタイ (東京大学新聞 1961.9.13 4 面)

　当時の東京大学の就職状況は, 学部による違いはあったものの, 総じてきわめて良好だったから, この文章は, 就職できないことを嘆いているのではなく, 運動のなかで〈敵〉と認定していた〈資本〉に与する自分 (たち) の行動に, 皮肉な視線を向けていたのだと考えられる.

　学生の精神衛生を心配したのか, 同年の『朝日ジャーナル』には「学生運動から就職へ」という隅谷三喜男 (東京大学経済学部教授) の論説が掲載されている (隅谷 1961: 16-7).

隅谷は，運動に意義を見出してきた学生のなかには「うまい就職口が見つかるかどうかという不安」にくわえて「今まで抱いてきた思想なり，世界観なりを，資本主義的企業への就職とどうマッチさせるか，させられるか，という不安」があると指摘する．「学校を出て就職した人々」の「身の処し方」は，「社会をうまく泳ぐことを目標とするか，生活敗退者の道を歩み始めるか，それとも批判的な精神を失わずに積極的に生きるか」などさまざまである．こう述べたうえで，大事なことは「学生時代に，また運動のなかで，身につけた批判的精神を，どのように職業生活の中で保持していくか」ということであって，「『運動から就職へ』の時点だけから問題を近視眼的に見てはならない」と隅谷は主張する．

社会変革の書としてマルクスの思想を学んだ学生にとって，おそらく就職とは，〈資本か労働か〉という二者択一的な選択（踏絵）であり，「世界観」を転換せざるをえない出来事として現象していたのだと推測される．就職即「転向」の結合を解消し，「転向」の契機を職業生活へ先延ばしする隅谷が展開した議論も，個人と企業の利害調整問題に向きあい，企業へ水路づける論理（その左翼バージョン）だったといえるだろう．

3 手続きの適正化と決定の正統化

3.1 手続きの適正化に向けた介入

(1) 私的情報の質確保

自己PRと志望動機をめぐり，誌上面接でなされた採用担当者の発言は，1980年代半ば以降，編集部によってすくいあげられ，面接に関する特集記事のなかで，一段と具体的なアドバイスが構成されるようになる（図表5-2）．そして1990年代半ばになると，就職シーズンを通じて誌上面接が連続して掲載されるという従来のスタイルは，特集記事に取って代わられる．従来の誌上面接が，個別企業の模擬面接という体裁を取りながら，当該企業を越えた通用性を主張するものだったとすると，特集記事では，採用担当者の〈本音〉や先輩の〈経験〉をちりばめながら，面接一般に妥当するものとしてアドバイスを提

示する傾向が現れる．誌上面接はその一般的な傾向を具体的に確認する例示の1つといった位置づけになるのである．

　前節では，私的情報の処理・開示について，〈体験の具体化〉（自己PR）と〈仕事への自由〉（志望動機）という2つの論理を確認した．この節ではこの論理を実効化（enforce）させる〈手続きの適正化〉の動きについて読み解いていく．

　手続きのレベルに照準された記事の1つとして，1987年から88年にかけて連載された，『就職ジャーナル』元編集長，楢木望による「楢木望の面接道場／システム就職学」という記事がある．1987年9月の記事では，面接のポイントの1つとして，質問の意図を理解すること（「面接は耳で勝負する」）の重要性が指摘されている．すこし長くなるが引用しよう．

・面接官「4年間の大学生活ではどんなことが印象に残りましたか」
・学生「わたしは大学は真面目に勉強するところだと考えていましたが，周囲の学生を見ると皆遊ぶことだけに夢中になっているようでガッカリしました．やはり学生であるからには……云々」

　この答えは確かに「印象」を話したには違いないのですが，これは「観察的」印象です．さらにそれを意見にまとめようとしています．しかし面接官が本当に聞きたいのは「体験的」印象なのではないでしょうか．観察し意見をいうこの学生の姿は想像できるのですが，彼が行動している姿は思い浮かんできません．質問に十分耳を傾けるというのは，こうした面接官の意図をきちんと理解するということなのです．

　もうひとつ例を挙げましょう．面接のなかで話がアルバイトのことに及んで，質問されるとします．面接官「どんな仕事をしていたのか，具体的に話してください」

　これに対して仕事の内容を細々と述べるだけに留まるのは期待外れというものです．面接官が聞きたいのはアルバイト情報ではありません．アルバイトを通して，その学生がどう行動し，何を感じ，何をつかんだかということを知りたいのです．その学生自身の話が絡まなければ，面接している意味がないのです．

図表5-2 面接特集記事タイトル

年	月	記事タイトル
1984	8	特集面接トレーニング事典（8業界に15大学が挑戦！ジャーナル面接道場／事前準備で差をつけよう自分でできる50のトレーニング／本番で成功するための3つのアドバイス面接評価のポイントはここだ！／業界別予想質問集）
1985	7	特集面接徹底トレーニング（人事マン座談会／ジャーナル面接道場／面接禁止ポイント集／面接トレーニング法）
1988	9	Special edition THE 面接（面接は"学ぶ"より"創れ"面接をサクセスするAtoZ／これが面接だ人事担当者・特別ホンネ座談会／東京征服実践／自己流会社訪問ルート開拓）
1989	8	Special Edition1 面接（人事担当者インタビュー面接する側の主張／実践楢木望のタイプ別面接道場）
1990	8	これだけマスターすればOK！スーパー面接術（面接攻略法のすべて／読者参加チャレンジ・業界対応型面接実技／人事担当者メッセージ業界別面接攻略法）
1992	12	特集1キミは就職氷河期を生き残れるか？受かりまくる学生と落ちまくる学生徹底比較／厳選採用で2極化した学生たちその差はどこにあるのか？
1993	11	特集1採用担当者は学生の何をどう評価したのか／特集2受かりまくる学生の研究
1993	12	特集1採用担当者と内定者を徹底取材！今のままで受かるのか君の実力を問う／特集2活動スケジュール
1994	3	特集2「欲しい学生」「いらない学生」
1994	4	面接の成否は春休みで決まる特集1必ず問われる2大テーマ「自己PR」「志望理由」の組み立て方（①自己PRづくりは，あなたの20年間，22年間を洗い出せ②「志望理由」を語るために，先輩訪問をしているか③コミュニケーションをスムーズにするには相手（社会）を知れ）／特集2「一般常識」だけでは通用しない成功するための「三種の知識」強化法）
1994	6	特集1面接の種類，自己PR＆志望理由の整理法，会話の運び方など本番対策！面接のすべて／特集2先輩訪問に持参して「自己PR」「志望動機」を強化しよう！「自己プレゼンシート」の書き方
1994	7	特集2面接対策徹底アドバイス（事前準備／常套句／暗記／社風／第一志望）
1995	3	企業が求める"新・人物像"はこれだ
1995	4	面接で必ず聞かれる2大テーマ「自己PR」「志望動機」はこうつくれ！
1995	6	完璧にまとめたつもりでも評価されない志望動機・自己PR自分の言葉で語る面接
1995	7	"面接での勘違い"徹底攻略（こんな人は要注意⇒用意したことは全部言おうとしてしまう／詰まったときは，会社案内の言葉を引用している／企業が求める人物像を演じればいいと思っている／ささいなミスをしたら，もうダメだと落ち込んでしまう）
1995	12	気づかぬうちにハマってる／人事が嫌う「マニュアル学生」／「ブランド大学は本当に有利？」人事の本音はどうなのか？
1996	1	「受かる学生」の就職活動はココが違う！（・人気企業の担当者が語る「社会経験のない学生をどこで評価するのか？」／・「自分を知る」「社会を知る」「実力をつける」「自分を表現する」の4テーマに，5人の先輩はどう取り組んだのか？）
1996	2	採用責任者が語る「今，欲しい人材」
1996	4	自分だけの「自己PR」をつくれ！／アルバイト，サークル，ゼミ…学生生活から"自分らしさ"を伝えるにはどうすればいい？
1996	5	これだけの模擬面接を見れば，自分らしさを伝える面接がイメージできる！人事が学生の何を評価するのか？「面接の現場」徹底分析（マニュアルの通用しない面接）

年	月	記事タイトル
1996	6	「自分らしさ」が伝わる面接（・具体例があるだけでは、まだ足りない！「自分らしさ」が伝わる・伝わらないの違いを模擬面接で検証！／・「自分らしさ」を伝えるのは"言葉"だけではない．先輩たちはこうして「自分らしさ」を伝え，内定を獲得した）（マニュアルの通用しない面接）
1996	7	採用段階によって変化する採用基準／「受かる」「落ちる」のボーダーラインはどこにある？（・人事担当者が採用を迷うのはどんな学生？／・自分がボーダーラインにいるかどうかはここでわかる）
1996	10	これから志望動機をどうつくればいいのか？今日知った会社を明日受験！面接準備はどこまでできる？
1997	1	まずは自分を知ろう！
1997	4	人事も納得する「自己PR」「志望動機」を練り上げろ！（PART1 先輩たちの活動に学ぶ完成までの全行程／PART2 業界別／人事がチェックするポイントはここだ！）
1998	3	人事が見あきた言葉で、まとめていない？／本気を伝える自己PR・志望動機（・なぜ「自分らしさが伝わらない」と言われてしまうのか？を徹底研究／・エントリーシート対策にも使える！文章をまとめるときのポイントはココだ）
1998	5	本番直前／人気企業100社の人事が語る／こんな人に会いたい！
1999	4	模擬面接で検証「キミの面接ココが浅い！！」（・面接の段階・形式によって、聞かれること・見られるポイントは異なる／・企業の人事担当者による模擬面接から、自己アピール方法を学べ！）
1999	5	面接大特集／多くの企業が面接を開始する4月．企業は，キミの何を見ようとしているのか．就職活動のヤマ場「面接」を，大特集！！（Part1 今年、企業はココを見る！／Part2 面接の不安解消クリニック）
1999	12	目的のない"自分探し"では意味がない／新・自己分析は"未来予想図"から始まる！！（・5つのワークシートから「なりたい自分」が見えてくる！／・人事　キャリアプランのプロが教える「自己分析のポイントと落とし穴」／・就職した先輩の「今でも納得自己分析」など実例を多数紹介！）
2000	3	人事，先輩に本音直撃！／エントリーシートの裏側に迫る（・エントリーシートはいつから使われるようになったのか？その役割は？／・各質問に隠された意図，気になる回答例を6業種の人事担当者が激白／・今だからわかる，活動終了後の先輩が語るエントリーシートの注意点）
2000	4	テクニックだけじゃ通用しない！／何が「面接」の成否を分けるのか？（・「その人らしさ」「個性」とは、いったい何なのか？／・なぜ「仕事理解」「業界理解」が必要なのか？／・先輩たちの面接体験談に学べ！企業に迎合するのではなく，いかに自分を正直に出せるかがカギ）
2000	6	現場人事担当者が指摘する／キミに足りない面接成功「5つ」の決め手
2001	2	企業が導入を始めた採用基準！「コンピテンシー」から考える／就職ジャーナル版新自己分析（・21世紀の新卒採用でキーワードになる「コンピテンシー」徹底解剖／・誌上カウンセリングと探究レポートで自分の「コンピテンシー」がわかる！）
2001	4	面接準備号2大特集（面接選考の実態・人事が見ているのはココだ！／タイプ別に徹底比較　先輩が明かす面接成功のカギ「人事と先輩」）

出所：「就職ジャーナル」各号目次より作成．

採用面接の場面で面接官がいちばん聞きたいことは，その学生自身のことです．彼はどんな行動をどの程度する人間なのか，どんな反応をする人間なのか，その結果何を身につけたのか，ということを知りたいのです．すべての質問はそれが大前提となっているのです．
　したがって，「大学生活の印象を聞かせてください」というのは，「大学生活のなかで印象に残った事柄を一つ二つ紹介し，それをめぐってどのように行動し，何を身につけたのかを語ってください」と聞き取らねばならないでしょう．「アルバイトではどんな仕事をしていたのか具体的に話してください」という質問も同様です．（SJ 1987.9: 67-68）

　ここで指摘されているのは，過去の体験を具体的な証拠として自分が何者なのかを伝達することが，面接というコミュニケーションの大前提だということである．このアドバイスは，それまで数多く積み重ねられてきた記事のなかで，ひときわ明確なものである．
　翌年1988年9月の「THE面接」という記事では，面接担当者が欲しいのは学生の「本人情報」であることが冒頭で提示され，最近の学生は「たしかに面接での態度とかはいいんですが，皆さん"本人情報"の表現がヘタですね．企業は，できるだけ"その人"の具体的な情報を欲しがっている．しかし，自分を表現するのに"形容詞"が多すぎるんですよ．"名詞"や"動詞"で表現していかなければ，いくら形容詞を加えてみても，企業から見るとその人の個性は見えてこない」と述べられている（SJ 1988.9: 12）．
　ここでの「形容詞」とは，自己を形容する「協調性，指導力，根性，チャレンジ精神」といった「抽象的な修飾（就職）語」のことである．「抽象的な修飾（就職）語」批判は毎年のように反復される．翌年の「君の実力を証明できるだけの経験はあるか？」という見出しの記事は，「協調性」や「社会性」を用いた自己呈示が以下のように批判されている．

　よく，「協調性があります」とか「社会性を学びました」などと言う人がいるが，これは自分で言うことではなくて，体験の実話をもとに相手が感じとることだ．初対面の人にお金を借りようと「私は正直者ですから必ず返し

ます」と言ってもだれも信用しないのと同じだ．要は信用させるだけの実体験をもち，それを具体的に伝えることが大切なのだ．（SJ 1992.12: 33）

「協調性」や「社会性」は企業側の評価要素であり，その度合を面接者が評価するものである．学生に期待されているのは，評価の証拠となる具体的な体験を開示することである．記事が伝えているのはそうしたメッセージであろう．1991年6月の誌面には，同年3月に『面接の達人』という就職対策本を出版していた中谷彰宏が登場しているが（SJ 1991.6: 60-65）．『面接の達人』においても，「自己紹介で言うべきことは，「①今までしてきたことの中で，②一番最近の③自分のクライマックス」だ」という指摘とともに，「協調性がある」や「社交的」といった言葉は，学生の自己PRを聞いた面接官が，その学生を評価するときに使う言葉であって，自己PRをする側が言ってはいけない言葉だと述べられている（中谷 1991）．

このように，過去の〈体験の具体化〉という要求には，アルバイト情報でなく本人情報を提示するのだ，形容詞でなく名詞や動詞で表現するのだ，という情報処理・提示に関する手続き論が備わるようになる．こうした手続きを適正化する動きは志望動機でも現れる．

(2) 労働に意味を与える

特集記事では自己PRにくわえて志望動機も整理されるようになる．1992年12月号の「『受かりまくる学生』と『落ちまくる学生』徹底比較」という記事（SJ 1992.12: 21-79）は，志望動機の形成が自己PRより難易度が高いことを認めている．自己PRは「本当のところ個性的でない人などひとりもいないのだから，自分を誠実に分析すれば，自然と話すべきことは見えてくる」が，「正直なところ，同じような規模，商品のメーカーが2社ある場合，そんなに差異化できる言葉は出てこないもの」だからである．そのため，「どうしても，会社案内などで知った知識をこねくりまわし，適当かつもっともらしいことを言うハメになる．だからみんな似たり寄ったり」になるという．

自己PRが自己を起点として語らざるを得ないのにたいして，志望動機には企業と自己のどちらに加重をかけるかに裁量の余地があり，場合によっては企

業に関する語りに終始してしまう可能性がある．そこには，企業情報の比重が高いほど，学生個人の情報はすくなくなるというトレードオフの関係があると考えられる．企業側から考えれば，企業情報が増えるほど，個人差を検出することは難しくなるだろう．また，学生の〈就社〉志向に起因する情報の歪みにも対処する必要がある．

　志望動機を個性化するために奨励されるのが，自己の延長上に志望動機を位置づけること，具体的には「自分の実体験」と「適性」を起点として，志望理由を考えるという手続きである．「自分の実体験」については「志望理由と体験につながりがあれば，そこに個人個人の違いが出る．どんなにささいな体験でも，つくりのない話は強い」とされる．「適性」とは「自分のやりたいこと，夢」であり，「自分のやりたいこと，夢」を実現できる企業を探すという手続きへの随順が奨励される．「"なんとなく商社がいい"ではなく，"○○をやりたいからこそ商社，しかもA社だ"これなら明解である」とあるように，最初に商社を選ぶのではなく，自分の実体験にもとづき，やりたい仕事を選んだ結果として，はじめて商社が導かれるのが適切な手続きなのである．

　自己を起点とする志望動機形成という手続きは，いわゆる「自己分析」とも矛盾なくつながる．自己分析とは就職準備として自己を分析する作業である[8]．労働政策研究・研修機構が2005年に行った調査によると，就職のための準備活動を行った学生のうち，73.8%が自己分析を行ったと回答しており（労働政策研究・研修機構2006），就職準備の一環として定着している作業である．

　自己分析というと，一見すると自己PRのため（だけ）の作業のように思えるが，自己分析の説明では「やりたいことは必ず自己分析と照らし合わせよ．この2つは必ず"点"や"線"で結ばれている」など（SJ 1995.1: 18），志望動機との連続性も形成される．さらに進んで，自己分析は自己PRよりも志望動機を形成する目的でする作業という主張もなされる．ある記事によると，自己分析の目的は，志望動機と自己PRの作成であるが，じつは志望動機が主で自己PRが従である．しかし，多くの学生は自己PRを重視することで，「理想の私」を作り出してしまうのだという．

　結論からいってしまえば自己分析の目的は次の2つ．

①自己の志望，自分の適性を知って志望業界，志望業種，志望企業を決定するため．
②面接の際の自己PRの材料探し．

　そしてこの2つの目的のうち，7対3の割合で①のほうに力を注ぐことがより必要になる．というより，①がクリアできれば，自然に②はできているはずなのだ．
　多くの学生が失敗する理由は，この順番を逆にして，②の面接対策のため（だけ）に自己分析をしようとする点にある．だから，無理やり自分のいいところを見つけようとして，本来の自分とは別の「理想の私」を無意識につくり出してしまう．自己を知るという本来の目的ではなく，自己を演出することが目的になってしまう．こうした自己分析なら，むしろやらないほうがましだ．(SJ 1995.1: 142)

　解決策は，先の記事と同様に，自分はこういう人間で，こういう仕事がやりたいから，この業種・この企業という順序で考えていくことである．つまり，①自己分析で「自分は何がやりたいのか」「自分はどんな適性や長所・短所があるのか」などを明らかにし，②業界や企業について「自分のやりたいこととその仕事の現実とにはギャップがあるのか？　自分の夢を実現する環境がこの会社にあるのか？　といった観点から勉強していく」ことになる (SJ 1995.1: 17-19)．
　以上のような，起点としての自己から仕事を経由して企業へ至る，私的情報の処理・開示の手続きは，「就社」ではなく「就職」に高い価値を与える，あの〈仕事への自由〉の論理に沿うものである．この記事では，「アメリカが諸君のために何をなしうるかを問うな，諸君が国のために何をなしうるかを問え」という演説を引きながら「ケネディ型採用」というフレーズでその姿勢を伝えていた．

　J・F・ケネディの大統領就任演説における有名な一節に「アメリカが諸君のために何をなしうるかを問うな，諸君が国のために何をなしうるかを問え」というのがあるが，まさに，アメリカを会社に置き換えてみてほしい．

経済環境が厳しい今，求められているのはそんな人だし，企業は"ケネディ型採用"をどんどん始めているのだ．曖昧な志望理由ではだれも魅力を感じない．(SJ 1992.12: 32)

　自己を起点とする志望動機の形成によって，〈仕事への自由〉の論理には，自己 - 仕事 - 企業という順序づけの手続きが備わる．それによって，採用担当者は，企業分析でもなければ，企業の期待を読んだ自己呈示でもなく，個性化された志望動機，つまりスクリーニングに使える私的情報を入手する可能性が高まると期待できる．この質確保の問題（「何者なのか」）への対処としての側面とともに，順序づけという手続きは，個人と企業の利害調整問題（「なぜ働くのか」）にも，1つの解を与えていると考えることができる．この点を，①学生時代の体験と仕事の接続が示す労働概念の再定義，②自己による仕事への非経済的価値の備給の2つにわけて，簡単に検討しておこう．

　まず，学生時代の体験と仕事を結びつけること（①）は，極端にいえば，真剣な遊びと真剣な仕事を，その真剣さにおいて等価とみなすことであり，労働と他の活動の境界線は曖昧に引かれている．他の活動に投入されていた熱量を労働に再投下すればよい，それが可能であるという想定がおそらくそこにある．

　現代において，労働には喜びや自己成長といった観念が結びついてくるが（Donzelot 1991; 今村 1998）[9]，ミラー（Miller, P.）とローズは，人事管理の歴史を追跡するなかで，労働者を企業的主体（Enterprising subject）と捉え，自己を実現する倫理的な活動として労働を再定義する潮流を指摘している（Miller and Rose 1995; 岩脇 2004）．自己の企てとして仕事を定義する点で，〈仕事への自由〉の論理・手続きが，同様の思想的文脈にあることは間違いない．もちろん，日本企業の働き方という文脈を重視すれば，職務ごとに学生を採用しない日本企業の一般的な特徴が，こうした接続を要請していることは言うまでもないだろう[10]．

　つぎに，職務拡大や職務充実が，仕事の非経済的価値を高めるための，企業からの働きかけだったとすれば，「自分のやりたいこと，夢」を仕事にすることは，個人の側から仕事に意味を与えることである（②）．企業が魅力的な仕事で惹きつける部分ももちろんあるが[11]，志望動機の形成という局面では，

仕事に非経済的価値を発見していく個人側の主体性が期待されるのである．

ボルタンスキー（Boltanski, L.）とシャペロ（Chiapello, È.）は，「賃労働生活に意味を与えること，資本主義に精神を与えること」は，フランスのマネジメント文献の著者たちの重大な関心事だと述べている（Boltanski and Chiapello 1999＝2003: 101）．彼らによれば，1960年代から1990年代にかけてのフランスにおけるマネジメントの顕著な進化は，ヒエラルキーにもとづく権威による管理から，顧客や賃労働者自身による管理（自主管理）への移行という点にあり，「仕事を実現したいという欲求や仕事をする喜び」と結びついた「内在的動機づけ」や「みずからの夢を共有させる」「企業主の能力」がマネジメント文献で強調されていると述べる（Boltanski, Luc and Ève Chiapello 1999＝2003: 128-129, 144, 156-157など）．

よく知られているように，ウェーバー（Weber, M.）は，近代の職業労働は，禁欲的性格を帯びた専念すべき義務として了解されているが，元々あった（と彼が考える）禁欲の「精神」による支え（＝「宗教的基礎づけ」）を，もはや必要とはしていないと述べた（Weber 1920＝1989: 364-366）．世界史的な視点でみれば，現代の先進的な資本主義諸国では，義務としての職業労働では十分な利潤が得られず，かといって召命する神も不在という条件のなかで，労働は人間が与える意味や強度によって支える対象になりつつあるといえるかもしれない．

もっとも，ここで検討している採用における変化には，直接には，人事管理の実際的な動きが反映されていると見るべきだろう．採用担当者向けの書籍をふまえると（二村・国本 2002; 川上・斎藤 2006 など），採用面接の評価項目は従業員の評価項目を学生用にアレンジしたものだと考えられるから，従業員の評価基準に変化があれば，採用の評価項目にもある程度の変化が現れるはずである．たとえば2000年の誌面では，学生時代の体験が「コンピテンシー」の装いをまとって登場しているが，コンピテンシーは元々，従業員評価のツールである[12]．近年，日本企業における従業員の評価基準は，能力要素より仕事要素の比重が徐々に高まる傾向にあるといわれており（今野 1995），ここで確認した，仕事を介して自己と企業を関連づける論理も，そうした傾向を反映している側面があるだろう[13]．

従業員に適用されている制度が，求職者のスクリーニングに転用されている

のであれば，能力主義管理の提唱期には，能力主義が採用の場に持ち込まれるだろうし，新たなしくみ（成果主義，目標管理，コンピテンシー・マネジメントなど）を導入した企業は，その設計図を採用に導入しやすいと推測される（評価項目に落とし込むか，「成果」や「目標」といった語彙の利用にとどめるかは，各企業の判断で異なるだろう）．そのように考えると求職者と従業員の経験は相似であるといえる．就職活動において，「実績」「成果」「目標」「行動事実」などの動機の語彙を用いた自己記述，あるいは仕事への意味の投下といった要請があるのならば，企業のなかで働く人々もやはり同様の要請に服しているとみるべきなのである．

3.2 「相性」の論理——集合的決定による正統化

『就職ジャーナル』における自己分析の描かれ方を分析するなかで，「『相性』というロジック」が使われることを香川めいは指摘している（香川 2010）．それによると「面接が相性の良し悪しを判断するお見合いの場であることが強調され」，学生は「他者との差異化」ではなく「ありのままの自分を正確に伝えること」を重視すべきだと奨励される．そして不採用の原因は「相性」の悪さに帰属され，さらなる自己分析へ駆動されるという．これまで確認してきた手続きの適正化は，この「相性」の論理といかなる関係にあるのか．本章の最後にこの点を考察する．

まず「相性」の論理を具体的に確認しておこう．1996 年 1 月の『最初のヤマ場　自己分析に挑戦』という記事には，以下のような「編集部からのアドバイス」がある．

> 自分の個性や人間性を他人と比較して優劣を競うことは，トラックとスポーツカーでどちらが優れているかと問うに等しい無意味な行為．トラックはトラックが必要なオーナーに，スポーツカーはそれを望むオーナーの手元にいけばいい．自己分析はトラックが必要なオーナーにスポーツカーを売り込む愚をおこさないためにこそあるのだ．（SJ 1996.1: 142）

ここでは，自動車取引の比喩によって，就職が他者との競争ではなく，個人

と企業のマッチングだというフレーミングがなされている．同様に採用担当者からは，採用は，「個性に優劣」をつけているのではなく，「一緒にやっていけそうな人」を選ぶマッチングなのだ，といったコメントがなされる．

　人間の個性って，ある人には嫌われるけど，ある人には好かれるというのが普通でしょう．そういうさまざまな個性のなかから，当社で一緒にやっていけそうな人を選ばせていただくのが面接なわけで，別に人の個性に優劣をつけてるわけじゃないんです．受験勉強とは質が違うんだってことをわかってほしいと思います．(SJ 1996.1: 141)

「一緒にやっていけそうな人」を選ぶ基準が，個人と企業の「相性」や，「個性」と「社風」の一致といわれるものである．同号では，「ともすれば志望企業の社風に合わない自分をアピールしてしまいそうで……何とかつじつまは合わせたけど」という体験談に，「その会社の社風に合わないと思うのなら，受けるだけ時間と労力の無駄．入社しても後がツライぞ」(SJ 1996.1: 143) と，アドバイスしている．
　就職活動は他者との競争ではなく，採用活動は他者との優劣の比較ではないという主張の前提には，香川も注目しているように「個性」が他者と比較不可能だという認識がある．つまり，「個性」という言葉が指し示そうとしているのは，絶対的な個人差である．
　そして，個人の「個性」と企業の「社風」の一致度が「相性」であり，応募する／しないとか，雇う／雇わないといった決定にとって，重要だとされている．どの企業でも通用する技能を一般技能，ある企業でのみ培われて通用する技能を企業特殊技能というが，企業特殊技能を推測させる何かが「相性」であるといえよう．とはいえ「相性」をシグナルだと考えることはできない．
　努力して完璧なシグナルを発しても採用されないことがある．そうしたケースを説明する場面でも「相性」という言葉が使われる．以下に示した記事では，「面接担当者に十分自分を伝えた　常識やマナー，言葉づかいにも大きな失点はなかった．では，それで確実に大丈夫かといえば，当然のようにそれは断言できない」として，その理由を，採用が「ギリギリのところで人間のもつ雰囲

気や好き嫌いで決まるものだから」とする．

　確かに受け答え丸暗記式の学生よりは，はるかに上のところに行けるだろう．しかし，採用というのは，ギリギリのところで人間のもつ雰囲気や好き嫌いで決まるものだからである．その点，恋愛に非常によく似ている．こちらが十分に好意を示したからといって，必ずしも向こうが応じてくれるとは限らない．
　面接担当者は，その多くが「最終的にはあなた方が一緒に席を並べて働きたいと思う学生を残してください」という指示を受けている．言い方を変えるならば「社風に合う学生」を残す，ということだ．こればかりは努力してどうなるものでもないし，また努力する類いのことでもない．
　ただし，自分を的確に伝えている学生は，たとえA社がダメでもB社には採用される．A社B社がダメでもC社には採用される．そのB社なりC社なりは，その学生にとって相性のいいベストの会社なのである．(SJ 1992.12: 23)

　要するに「自分を目一杯伝えられれば，あとは社風に合うかどうかの問題」，つまり，雇う／雇わないの決定は最終的には「相性」に依存する，といわれている．就職・採用を「結婚」に，就職・採用活動を「お見合い」や「恋愛」にと，学生と企業の関係を対人関係になぞらえる比喩は現代に特有なものではない．しかしこの記事では，努力しても「相性」が悪ければ不採用の可能性があるとか，「相性」のよさは「努力する類いのことでもない」と，かなり踏み込んだ指摘をしている．「相性」は，シグナルを発したあとに，個人と企業（＝従業員）の〈関係〉から生じるものなのである．
　それにしても，なぜ「相性」という言葉が使われるのだろうか．もっとも素直な解釈としては，メンバーが同じ価値を共有した組織は高いパフォーマンスを示すと考えられるため，採否の決定にあたって個人と企業の価値観の一致を重視するといった，組織文化論的な説明がありうるだろう．また，内定を獲得できない状態を，企業の責任でも個人の責任でもなくミスマッチにあるのだと，責任帰属の宛先を曖昧にし，就職／採用が選抜であることを見えなくする効果

や，高すぎる希望を「相性」が悪いと冷却しつつ「相性」のよい企業は必ずどこかにあると再加熱するような潜在的機能をもつ（香川 2010）というひねった解釈もありうる．ここでは，本書のこれまでの議論もふまえながら，信頼の不在と集合的決定による正統化という別の説明を提示しよう．

　面接試験におけるシグナルは，他のシグナルでは捕捉できない私的情報の指標であり，その入手が困難なため，具体的な証拠の重視や，自己－仕事－企業の配置・順序づけなど，私的情報の処理・開示にかかわる〈手続き〉の適正化が，学生に期待されてきた．本章ではこのことを示そうとしてきたわけである．

　しかし，手続きの正しさ，手続きを通して得られた情報の正しさ，その情報にもとづく決定の正しさは，異なる次元に属しているのであって，同一のものと考えることはできない．たとえば，適正とされた手続きにしたがって，学生が私的情報を開示したとしても，それは手続きの適正さや情報の〈確からしさ〉を示すものであっても，情報が〈真実〉であることを示すものではない．情報の真偽を判定する基準を，情報処理・開示の手続きが備えているわけではないからである．

　第2章において，私的情報の質確保をめぐる問題が，戦前の人物試験で浮上していたと指摘したが，本来の問題であった〈情報の正しさ〉への探求は，情報の処理・提示に関する〈手続きの適正さ〉の探求へと，一段ずらす構図のもとで追求されてきたのではないだろうか．

　そのように考えると，情報の真偽を判定する基準が不在のなかで，手続きを常に適正化する反省的な（reflexive）運動によって，正しい情報が得られたにちがいないとする〈みなし〉が存在しているだけではないか，という疑惑が生じうる．そうした手続きへの疑惑は，最終的に，雇う／雇わないという決定の正統性にたいする疑惑に行きつくだろう．私たちが他者の発したメッセージを上手く解読（decode）できないことがあるように，学生のシグナルを受けとった企業が，適切にスクリーニングできるかが，保証されているわけではない．つまり，学生から正しい情報が発信されているかどうかを評価する基準の不在にくわえて，企業の決定の正しさを保証する基準も，手続きそのものが与えるわけではない．

　問題は，採否の決定を正統化する根拠である．信頼に関する議論をふりかえ

ってみると，自己／他者や現在／未来のあいだに存在する情報の落差への対処が信頼の機能であって，学校や紹介者にたいする信頼が，成績，学校歴，紹介者といったシグナルとして現れていた．面接試験は，企業が学生を直接評価するスクリーニングであるから，学校や紹介者といった〈外部〉の審級によって，決定を正統化することはできない．もし，面接にかかわる手続きへの信頼（それは企業への信頼ともいえる）が調達できなければ，【【企業による学生の評価】の評価】の評価……と，あの外部評価の無限後退プロセスが作動しうる．

　このように考えていくと，「相性」という言葉が，評価の基礎づけへの終わりなき遡行を〈遮断〉する〈マジックワード〉であることに気づくだろう．つまりそれは紹介者や大学の機能的等価物である．「○○氏が推薦しているから」とか「××大学だから」といったことが，採否の決定の正統化根拠になりうるように，「相性が悪いから」とか「社風に合わないから」という理由が，決定を正統性することが期待されているのである．

　おそらく，企業自身による職業的選抜は，最終的には「相性」のような対人関係の比喩による正統化という形を取らざるをえないだろう．学校や他者といった選抜の〈外部〉を召喚することができない条件のなかで，決定の正統化根拠は，選抜の内部から，つまりこの場合は，選抜を構成する学生と企業＝従業員の〈関係〉から立ち上げざるをえないからである．手続きそのものが信頼できないのであれば，数多くの従業員による集合的な決定であることで（「最終的にはあなた方が一緒に席を並べて働きたいと思う学生を残してください」），その決定を正統化するしかない[14]．そのようなわけで，選抜を正統化する根拠として「相性」などの対人関係の比喩が呼びだされていると考えられる．

　ところで，企業の期待を読む傾向が学生にあるとすれば，かりに「社風」や「相性」を言語化できたとしても，それは「社風」に合うように演技する学生の増加をもたらすと予想される．バイアスのない学生の私的情報を入手するという目的にとって，「社風」や「相性」の具体化には，有害な場合もあるといえるだろう[15]．

　もしそうであれば，「社風」や「相性」は，具体化せずに曖昧な状態にとどめておくのが合理的であろう．もしも「社風」や「相性」を言語化したならば，おそらく，それを装う学生が現れるとともに，「社風」や「相性」と機能的に

等価な〈説明されないもの〉が新しく生まれるからである．つまり，「社風」や「相性」は，それ以上，説明できない〈残余〉として残り続けるのである．

「相性」は，学生のシグナルでは克服できない／すべきでもない存在であり，最終的には，面接を担当した社員が「一緒に席を並べて働きたいと思う学生を残」すという，雇う／雇わないを判定する局面で現れる．であれば，「相性」という言葉は，正確な情報の提示という学生の指し手（move）が終了し，企業による選抜というターンに移ったことを示す〈合図〉でもある．学生と企業の情報の非対称性が，ある程度解消されたあとに残るのは，選ぶ／選ばれるという，埋めることのできない非対称性なのである．つまり，「相性」という何となく耳障りのよい言葉は，就職活動という学生を主体として語られる活動が，じつのところ，企業を主体とする選抜に他ならないという冷徹な事実を想起させる言葉なのである[16]．

注
1) もちろん2つの問題は関連している．志望動機を問われた際，企業の期待に即した動機の語彙（ミルズ）を学生が用いるとすれば，利害の一致の偽装として，私的情報の質も問題となる．
2) Luhmann（1983＝1990）では，手続き，とくに法的・政治的手続きと決定の正統化について社会学的に論じられている．
3) ディマジオは文化を集合的な（shared）認知的現象であり，複数のレベルから構成されるとしている．表層レベルには信念，態度，規範，評価があり，ウェーバーの資本主義の精神がこのレベルの文化だとされる．つぎのレベルには社会学者が戦略，ロジック，ハビトゥスなどとよび，心理学者ならスクリプトとよぶものが来る．これはしばしば無意識になされるルーティンで，コンピュータのマクロ（自動化）のような単純な認知的要素から構成される．3番目のレベルはスクリプトや戦略を発動にみちびく関連性ルール（Rules of Relevance）が，基底レベルには認識対象を定義する分類やカテゴリ図式（Classification, Category Schemes）が位置づけられるとする．
4) 証言にディテールやディテール同士の整合性を要求することは，刑事事件の取り調べや尋問などでも用いられる技術である（浜田 2001）．
5) この面接では学生が高い評価を受けているが，その理由は「考え方がしっかりしていますね．非常によく物を考えていますよね．経験を通じての答えが出てきましたから，観念論が少なかったでしょう」というものであった．
6) 職能資格制度は1970年代半ばから導入が進み，1980年代には人事管理体系

の中心として位置づけられる（佐藤 1999: 12）．職能資格制度を中心に人事考課制度や賃金制度などを関連づける体系は「トータル人事管理システム」（日経連職務分析センター 1989: 13-4）や「トータル人事制度」（竹内 1996: 31）などとよばれる．

7）これは現在でも標準的な説明であろう．たとえば，岩田龍子は，欠員補充型の採用では，ポストに対応した職務をこなす「実力」（顕在能力）が求められるのにたいして，新卒一括定期採用ではポストを特定せずに採用するので，一般的な「能力」（潜在能力）と「柔軟性」が求められると述べている（岩田 1988: 170-2; 濱口 2009）．

8）自己分析に関する最近の研究としては，就職対策書上の自己分析を「自己のテクノロジー」（フーコー）として分析した牧野（2010）や，1990年から2005年までの『就職ジャーナル』を用いて自己分析の展開を整理した香川（2010）などがある．

9）今村仁司は，労働が「社会生活に『必要』」だということと，「労働の意味（喜び）が人生の生きがいになる」ということは別の事態であると指摘する．そして，前者は「社会科学的な事実」であるが，後者は「管理のためのイデオロギー」であり，労働に喜びが内在しているという主張（「労働の喜び」論）は，労働者を労働させるための「虚構」だと批判的に述べている（今村 1998: 150）．

10）とはいえ，企業での働き方だけに規定されていると考えるのは早計である．リヴェラ（Rivera, Lauren. A.）は，アメリカのエリート企業がエリート大学の学生を採用する際，学生と面接者の文化の一致（Cultural Fit）が採否に影響すると指摘しているが（Rivera 2015），この知見は，専攻と職務の関連が強い場合にも，文化資本や性格などがシグナルになることを示唆しているからである．

11）企業が仕事の良い面も悪い面も含めて現実的な情報を提示することをRJP（Realistic Job Preview）といい，研究が進められている．金井（1994）や根本（2004）を参照．

12）コンピテンシーの新規大卒採用への導入については，岩脇（2007b）や労働政策研究・研修機構（2009）が詳しい．コンピテンシー概念は（いくつか定義があるようだが）「卓越した業績を峻別する人材の能力」（Spencer and Spencer 1973＝2001）や「成果を生み出す行動特性」（川上・齋藤 2006）などと定義され，日本では顕在能力の側面が強調される．

13）小杉礼子は，企業が新規学卒者に期待する人材像と大学による企業の期待の読み取りとの齟齬や，企業がどこで人材像を見極めようとしているのかを明らかにし，キャリア形成支援として大学が取り組む課題についても踏み込んだ提案をしている（小杉 2007）．

14）場合によっては，熟練の面接者には一目見れば良し悪しがわかるなどと，こ

の関係を構成するスクリーニング主体の能力で正統化することもあるだろう．
15) 人事担当者へのインタビューから，小山治は，学生が企業の期待を読むことによって，企業は質問を変えていかざるを得ず，結果として採用基準が不明確になるというメカニズムの存在を指摘している（小山 2007）．
16) 試験への準備をひとしきり説明したあとで，その準備が「相性」の良し悪しで失効する可能性があるという誌面構成に注目すると，「相性」の論理は，就職情報（誌）が提示する面接対策が妥当しないケースにたいするエクスキューズ——期待外れの例外としての処理——という機能があるとも解釈できる．
　　ある採用担当者のアドバイスが，もし個人的な意見や特定の企業でしか通用しないような特殊なポイントにすぎなければ，その情報の利用範囲は狭く，低い価値しかない．したがって，不特定多数に向けた就職情報（誌）は，特定企業での通用性ではなく，すべての企業に妥当する情報として読者が了解するよう提示されていると考えられる．しかし，実際には，人事管理思想や業種，企業規模など，さまざまな企業の異質性によって，誌面の就職情報が通用しないケースもありうる．そのような期待に反するケースを例外として処理するために，「社風」や「相性」といった対人関係の比喩が導入されているとも考えられる．

終　章

大卒労働市場の創られかた

1　大卒労働市場の社会性と歴史性

　本書が明らかにしようと試みてきたのは，企業・学生の相互行為とその制約の具体的なあり方から浮かび上がる近現代日本の大卒労働市場である．序章の議論を振り返れば，企業と学生のあいだの情報の非対称性のもとで，スクリーニング／シグナリングがおこなわれ，求人・求職活動のタイミングが調整されるが，スクリーニング／シグナリングやタイミングにかかわる相互行為には，それを規制し構成する社会的な制約が作用していると考えられる．その様子を，当事者の経験の水準に照準をあてて，歴史的に明らかにするというのが本書の戦略であった．

1.1　他者と教育への信頼とそのゆらぎ

　第1章では，おおむね明治中頃から昭和初期にかけて，紹介と成績の採用における位置づけの変容をみていった．

　明治期の企業は採用条件として紹介者を要求しており，学生は師弟関係や同郷関係などの質的な類似性を利用して紹介者へアクセスしていた．「学校出」の採用・就職は社会的ネットワークに埋め込まれていたのである．他者に就職の斡旋を依頼する／されることは，ごく正当な行為として了解されており，現代と異なる文化に埋め込まれていたという言い方もできる．そして戦間期になると，紹介をけっして正当とはいえない手段として了解する，現代と地続きの意識が現れてくることを確認した．大卒労働市場における紹介は，一般的な職業能力のシグナルとはいえなくなったのである．

紹介がシグナルとして機能していた理由として，この章では市場規模の小ささを挙げた．「学校出」は人口のごく一部であり，質的な類似性を持っていたから，紹介者のスクリーニングは，企業にとって信頼に足るものだった．戦間期における高等教育の拡大は，求人数の増加を上回るほど大量で，質的にも多様な求職者を生み出した．それらの求職者が一律に紹介状を持参すると，紹介状を，紹介者が学生をよく知っている証拠だとみなすことができなくなる．産業化に伴う社員数や企業間関係の増加は，企業が希少な紹介状のみを利用する傾向を生みだす．市場規模の拡大によって，紹介は一般的には利用しにくくなり，正当な手段とはみなされなくなった．すこし補足しながら説明すると，以上のような内容であった．
　学校の成績と職業能力との関係は，言葉のうえでは関連ありとなしのあいだでゆれていたものの，いくつかの証言によれば，採用の実践では，企業は素点の差によって学生を順序づけており，成績は職業能力の重要なシグナルだったと思われる．これが戦間期になると，採用の場でも，人柄や人物が重要だという語りを伴いながら，成績の優秀さの意味はゆらぎはじめる．
　この変化の背景としては，企業側と教育側の要因を考えることができる．企業側の要因としては，企業の近代化とともに，企業のなかに技術や知識が蓄積されることで学校の成績の有用性が低下することや，フォーマル組織の形成とともに，インフォーマル組織も発達してくるので，人物や人柄が重要視されるといったことが考えられる．教育側の要因としては，高等教育機関の拡充により，多様な学校の求職者が増加することで，成績単体で求職者を識別することが難しくなったことが挙げられる．成績は学校内の評価尺度であり，学校の選抜度を無視して，学校間で成績を比較することはできないからである．
　採用において，紹介や成績を利用することは，企業にとって未知の職業能力を，紹介者や学校によるスクリーニング結果から推測することである．このことは，紹介者や学校によるスクリーニングを信頼することによって，職業能力に関する情報を，企業自身が調べずに済ますという対処方法であった．そのやり方がゆらぎはじめたのと同じ時期に，企業自身が人物のスクリーニングに乗り出している．

1.2 儀礼としての人物試験

　第2章では昭和初期の人物試験における企業と学生の相互行為に注目した．観察も定義も難しい「人物」を推測するため，人物試験では，言語表現や身体的挙動などの観察可能な指標やその制御の仕方が，相互行為の焦点となる．企業のスクリーニングは，学生が提示する情報に依存しているので，正しい情報を学生に提示してもらうことが決定的に重要である．

　しかし，言語や身体が真の人物を伝達するという仮定は，就職戦術書の流通や「訓練スペシャリスト」としての企業の振る舞いを背景とした，学生の機会主義的行動によって脅かされており，私的情報の質をどのように確保するかという問題（私的情報の質確保の問題）が生じていた．

　また，志望動機を構成する際に，「正解」が受け手に依存していることや，個人の欲望と企業の欲望の不一致が観察され，両者をどのように接続させるかという問題（個人と企業の利害調整の問題）が現れていた．

　学生が「何者」で「なぜ働くのか」ということの真実は，どのような方法で把握することができるのか．いいかえれば，学生の自己呈示をどのように制約すれば，偽りのない私的情報を入手できるか．昭和初期の人物試験には，そうした人物の測定という問題構成が現れていたのである．

　当時の企業が人物の試験に乗り出した理由としては，紹介者や学校のスクリーニング能力に頼れなくなったことが挙げられるだろう．第1章で論じたように紹介や成績は以前ほど採用で重視されなくなっており，また，第3章でみたように，学校推薦は採用予定者数まで絞り込むものではなく，学校歴の擬似職業資格化は貫徹されなかった．同じような学校の同程度の成績をもつ者を，企業自身がさらに識別する必要があったのである．紹介者や学校といった外部の審級に頼らずに，職業能力を推測させる情報をいかに入手するかという課題を，企業は抱え込んだのである．

1.3 見えがくれする学歴

　人事労働市場において企業が学校歴を取り扱う制度は，学校推薦制，指定校制，自由応募制へと変化している．第3章では，学校歴を扱う制度による一次近似と，学校歴に関する情報との組み合わせによって，学校歴と職業能力の関

連に関する当事者の認識が制約される構図を明らかにしようと試みた.

　制度による一次近似は，学校歴と職業能力の関連をときに強く，ときに弱く信憑させる．学校推薦制は，学校と企業による卒業者の組織間取引であり，両者の関連の強さを人々に信憑させる．指定校制は，推薦を経由しないが，大学などを指定して求人することで，学校推薦より可視性を低下させており，両者の関連を「見える化」する調査実践を生み出した．自由応募制は，推薦も求人時の指定もおこなわないことで，制度上，学校歴と職業能力の関連の弱さを推論させる．

　とはいえ，制度による一次近似が，学校歴にたいする人々の認識をすべて決定してしまうわけではない．制度による「一次理論的な自明視」(盛山 1996: 258) は，学校歴に関する情報と組み合わされることで，さらに強化されたり，あるいは弱められたりするのである．この章では，各制度が信憑させる，学校歴と職業能力の関連にたいして，同時期の調査データの情報をぶつけることで，制度配置と当事者が接する情報の組み合わせによって，両者の関連にたいする認識がヴァリエーションをもつことを示そうとした．

　学校推薦制では，内務省（厚生省）のデータを用いることで，学校調査の結果が学校推薦制にもとづく信憑を強化する方向に作用し，企業調査の結果がその信憑を弱める方向に作用することを指摘した．指定校制については，文部省の求人方法に関する調査が，採用における学校歴の重要性を棄却するベクトルをもっていたのにたいして，就職情報誌上の推薦依頼や内定に関する調査結果は，指定された学校の内定が多いという指定校制にもとづく信憑を強化するものだった．自由応募制については，学校歴の有用性が，情報の切り取り方と組み合わされることで，当事者に異なって経験されうることを，現代の就職マニュアルと統計情報を例にとって説明した．

　学校歴と職業能力の関連に関する人々の認識は，学校歴と職業能力の関連の強弱を距離で表すことによって，円と楕円の図柄で表現することができる．そして，各人の認識が描く図柄を制約しているのが，同時期の学校歴にかかわる制度と情報の組み合わせである．この構図のなかで，採用における学校歴の有用性は，見えがくれするように現象しているのである．

1.4 タイミングを制約する

求人・求職活動のタイミングの制約という観点から，第4章では，就職協定の展開を追跡していった．

求人・求職活動のタイミングの規制は，戦前期までさかのぼることができる．求人・求職活動の早期化は昭和初期に問題化され，六社協定とよばれる制度が誕生している．六社協定は短命に終わったが，協定が結ばれたという事実は，同時期に発生する大量の相互行為を一律に規制する必要があったことを示唆している．事実，内務省（厚生省）の調査によれば，新卒一括定期採用慣行は，大企業の「知識階級」採用において，つまりはそれなりの規模で成立していたのである．

就職協定については，政治的埋め込みのもと，ルール違反とルール制定が相互に規定しあいながら制度が変化していったことを指摘した．

企業・学生の求人・求職活動には，ルール違反がさらなるルール違反を生み出すメカニズム（図表4-7）が存在していた．企業・学生のルール違反にたいして，ルールを適用する側が対処することで，就職協定では大小さまざまなルール変更がなされている．ルールを適用される側と適用する側の相互規定的な関係が，就職協定という制度をダイナミックに変化させていった基本的な要因である．

ルールを適用する側は，期日の変更や期日を遵守させるための規制を，企業や学生の行為に課したが，規制の効果は十分に現れなかった．違反に懲罰を課す試みもあったが，違反を認知することが難しく，実効性をもたなかった．そうした手詰まりの状態において，臨教審答申への応答を1つの契機として，ルールを適用する側は，ルール違反の事実を追認する形で就職協定を変化させていった．そして最終的には，企業側団体の離脱という形で就職協定の幕は閉じた．ルール違反の政治問題化や，ルールを適用する側の利害の不一致といった政治的埋め込みのもとで，就職協定は規範としての実質を失っていき（図表4-8），廃止へ至ったのである．

1.5 スクリーニングとしての面接試験

第5章では1970～2000年代の就職情報誌上の面接記事を材料として，面接

試験における職業能力の測り方を検討した．具体的には，私的情報の質確保と個人・企業の利害調整という問題にたいして，私的情報を処理・開示する手続きの適正化という対処がなされていたこと，また，手続きの適正化という対処において，「相性」の論理によって決定の正統性が調達されていたことを明らかにした．

私的情報の質確保の問題は，求職者がどのような人物なのかを示す際に，過去の具体的な体験を証拠として提示させるという形で対処された．個人・企業の利害調整という問題については，個人と企業の媒介項としての仕事に焦点があてられた．求職者には，企業への入社意思をひとまず括弧に入れ，仕事に非経済的報酬を見出すことが要請されるのである．

第5章での分析の際には，それぞれを，〈体験の具体化〉と〈仕事への自由〉の論理とよんでいる．いずれも，従業員の雇用管理制度や人事管理思想とのかかわりのなかで導かれる論理ではないかと考えられる．

〈体験の具体化〉と〈仕事への自由〉は，自己PRや志望動機を求職者が考え，伝えるための指針や台本のようなものである．過去の体験と希望する仕事に，具体化のコストを課すことで，企業は個人を識別することが可能になる．つまり，自己PRと志望動機はシグナル化されるのである．

これらの論理には，シグナル化を実効的にするために，求職者がしたがう手続きに関するアドバイスが伴っている．体験の具体化には，体験そのものの情報ではなく本人の情報を伝達することや，「協調性」のような企業が学生を評価するための言葉を使わないこと，といったアドバイスが付随している．仕事への自由には，自己を起点，志望企業を終点とし，両者を仕事で結びつける順序づけの手続きが備わる．過去の活動の延長上に仕事を位置づけることで，自己を実現する倫理的な活動として労働を定義することが可能となる．つまり，求職者が非経済的報酬を充填することで，企業での労働が支えられる．個人と企業の利害調整問題はそのような形で対処されていると考えられるのである．

この手続きは台本のト書きのようなものだといえる．〈体験の具体化〉といっても，アルバイト体験を詳しく述べられたところで企業側に学生の情報は増えない．〈仕事への自由〉についても，入社したい企業を先に考えると，企業の期待を読むことで，希望する仕事や自己に関する情報が歪む可能性がでてく

る．方針としての論理にくわえて，手続きも制約することで，さらにノイズを取り除くことができる．

　以上の論理と手続きをまとめて手続きとよぶことにすると，手続きの適正化は，一言でいえば，個人差を正しく検出するために，学生の情報処理・伝達形式に制約をくわえるものである．

　学生から得られた私的情報や，それにもとづく採否の決定の正しさを判定する基準が，この手続きに備わっているわけではない．私的情報や採否の決定は，手続きの適正さによって，間接的に保証されているにすぎない．したがって，手続きが適正だとみなされなければ，企業の外部にある別の審級が手続きを評価するとか，あるいは，企業自身が適正化をつぎつぎと繰り返す，といった基礎づけプロセスが生じると考えられる．

　この章では，基礎づけを作動させずに，企業による採否の決定に正統性を与える根拠として，「相性」という人間関係を示す言葉が持ち込まれていると論じた．企業による選抜では企業以外の審級を召喚することができないので，従業員と学生という面接を構成する人間関係が，信頼の機能的等価物となるように期待されている．採否の決定は，従業員と求職者の人間関係によって，最終的に支えられているのである．

　こうした内容を振り返ることで見えてくるのは，職業能力の推測を核にして，企業と学生の相互行為がその周囲で組織されるような大卒労働市場の姿である．
　職業能力は，紹介，成績，学校歴，人物といったシグナルの関数であるが，これらのシグナルは，社会的・歴史的な制約のもとで，異なる形を取りうる．紹介や成績のように潜在化し，異なる意味づけを帯びるものもあれば，学校歴のように経験のされ方が異なることもある．人物のように，ある時期から顕在化して，その測定が精緻化されるものもある．こうしたシグナルの有様と関連する形で，企業と学生の相互行為や個人の経験も，別様の形を取ると考えられるのである．

　ただし，職業能力がシグナルの関数といったとき，関数の形は企業や時代などによって異なると考えるのが正確であろう．過去に成立した企業と学生の組み合わせは膨大であり，本書のようなアプローチでその全体像に迫ることはで

きない．本書で描けたのはあくまで粗い見取り図であり，今後は，解像度を上げて多様な線をさらに追っていく必要がある．

2 個人と仕事の出会い方の現在へ

本書の議論からは，大卒労働市場の展開を，職業能力の推測主体の比重が，外部のエージェントから企業へ移っていくプロセスとして描くことが可能である．ただし，このプロセスを単線的な変化だと捉えるのは誤りであろう．現在の企業は学校歴をはじめとした人物以外のシグナルも利用して採用をおこなっているはずである．ここでは，AというシグナルにBが取って代わり，さらにBに代わってCが登場する（A→B→C）といった単線的なプロセスではなく，加算的なプロセス（A+B+C）のなかで，Cのウェイトが増すような事態をイメージしている．

このプロセスは，職業能力の推測方法（正確にいえば推測に利用する情報の入手方法）が加算され，精緻化していく歴史であるが，推測方法が加算・精緻化することで，未知の職業能力は既知になったと考えてよいのだろうか．

信頼は，他者や学校のもつ情報を過剰利用するものであり，企業と学生の情報の落差を埋めずに済ますという対処であった．また，手続きの適正化という対処方法は，相性という信頼の機能的等価物にサポートされている．本書が辿れた範囲では，情報が増加したと考えることはできても，職業能力の輪郭は曖昧なままである．

序章において，職業能力を労働者の質と定義したが，それが職務遂行能力のように仕事で発揮される能力だとしたら，職業能力が既知になるのは仕事に就いてからであり，採用時点で判明するものではないということになる．

では，採用した人が見込みどおりの職業能力をもっているかは，入社してから検証することができるのか．竹内洋は，能力のある人が選抜されるのではなく，選抜された人を能力があるとみなす，という能力の社会的構成説を主張している（竹内 1995: 第2章）．この考えにしたがえば，職業能力の推測を核にした相互行為も，未知の職業能力のベールを剥がしていくものというより，職業能力が何なのかを，誰を雇うかを判断するなかで確認するような実践であるの

かもしれない.

　とはいえ,能力の社会的構成説が正しいかどうかは,本書の内容からは分からない.企業の採用活動を検証したり,人事データを分析するなど,労働需要側に注目することで,マッチングがどのようになされているかを明らかにしていく必要がある(そうした研究として,竹内 1995; 小山 2007; Rivera 2015).

　本書では就職ナビサイトについて言及することができなかったが,利用者の多さにもかかわらず,就職ナビサイトとマッチングのかかわりはあまり明らかになっていない.インターネットを利用した個人と仕事のマッチングの仕組みや,求職者と雇用主を媒介する人材ビジネスの役割は(Bagues and Labini 2009; Autor 2001, 2009),労働市場の経済社会学にとって重要なテーマになるだろう.

　第5章では,〈仕事への自由〉を媒介することで個人と企業の利害が調整されると指摘した.これは,個人を企業の仕事へ動機づける制約である(経済学者ならインセンティブ設計とよぶかもしれない).労働に個人を動機づけるような制約をどう考えればよいだろうか.

　企業や国家による労働への動機づけにたいしては,第5章で引用したいくつかの研究のように批判的な立場もある.同じく第5章で紹介した,仕事での生きがいの追求は企業の利益追求と表裏一体であり「体制内の歯車にすぎない」という学生の主張も,労働への動機づけに否定的であった.「滅私奉公」のような「会社人間」的な働き方を求める声はさすがに少なくなったが,利害調整の仕方がより巧妙になったという見方もできる.

　しかし,仕事に生きがいをもち,適切な対価を得ることは,規範的に望ましいことであるとも考えられる.個人にメリットがあるなら,企業や国家による労働への動機づけも,一概に否定されるものではない.こちらの立場からは,労働や社会参加へ動機づけるために,どのような介入をすればよいかという問題構成が開けるだろう.

　動機づけに関する問いは,今後の大卒労働市場がどのように創られていくかに関わる問題であるが,働くこと一般に伴う問題でもあり,さらにいえば,行為を制約するさまざまなものにたいして,どのようなスタンスを取るかということにもつながっている.こうした問いの深度と拡がりを行き来しつつ考えていくことで,労働という主題がもう少し見えてくればよいと思う.

参考文献

安部磯雄 (1925)「官吏斬首の不合理と新卒業生就職難の緩和」『中央公論』1925 年 1 月号: 123-8.
Akerlof G. A. (1970) "The Market for 'Lemon': Quality and the Market Mechanism," *Quarterly Journal of Economics*, 84: 488-500.= (1995) 幸村千佳良・井上桃子訳「『レモン』("lemons") の市場——品質の不確実性と市場メカニズム」J. A. アカロフ『ある理論経済学社のお話の本』ハーベスト社, 9-33.
天野郁夫 (1989)『近代日本高等教育研究』玉川大学出版部.
——— (1992)『学歴の社会史——教育と日本の近代』新潮社.
——— (2006)『教育と選抜の社会史』筑摩書房.
穴田秀男 (1937)『就職必携』千倉書房.
青野季吉 (1930)「大学工場から社会市場へ」『改造』1930 年 4 月号: 118-24.
Argyris, C. (1957) *Personality and Organization: The Conflict Between System and the Individual*, New York, Harper & Row. = (1970) 伊吹山太郎・中村実訳『新訳 組織とパーソナリティ—システムと個人の葛藤』日本能率協会.
Arrow, K. J., (1973) "Higher Education as a Filter," *Journal of Public Economics*, 2: 193-216.
麻島昭一 (2003)「戦前期二井物産の学卒社員採用——明治後半・大正期を中心として」『専修経営論集』75: 25-82.
麻生誠 (1991)「大卒就職の社会史」『日本の学歴エリート』玉川大学出版部: 79-113.
渥美郁郎 (1926)「就職せんとする新卒業生に告ぐ」『実業之日本』29(23): 50-2.
Autor, D. H. (2001) "Wiring the Labor Market," *Journal of Economic Perspectives*, 15(1): 25-40.
——— (2009) "Studies of Labor Market Intermediation: Introduction," Autor, D. H. ed., *Studies of Labor Market Intermediation*, University of Chicago Press: 1-23.
Bagues, M. F. and Labini, M. S. (2009) "Do Online Labor Market Intermediaries Matter? : The Impact of AlmaLaurea on the University-to-Work Transition," Autor, D. H. ed., *Studies of Labor Market Intermediation*, University of Chicago Press: 127-154.
Berger, P. L. and Luckmann, T. (1966) *The Social Construction of Reality: A Treatise in the Sociology of Knowledge*, New York, Doubleday. = (1977) 山口節郎訳『日常世界の構成 —アイデンティティと社会の弁証法』新曜社.
Bills, D. B. (2003) "Credentials, Signals, and Screens: Explaining the Relationship Be-

tween Schooling and Job Assignment," *Review of Educational Research*, 73(4): 441-69.

Boltanski, L. and Chiapello, È. (1999) *Le Nouvel Esprit du Capitalisme*, Paris: Galliard. =（2013）三浦直希ほか訳『資本主義の新たな精神　上』ナカニシヤ出版．

武侠記者（1919）「青年就職の燈明台」『武侠世界』1919 年 4 月号: 34-51．

Chiavacci, D. (2005) "Transition from University to Work under Transformation: The Changing Role of Institutional and Alumni Networks in Contemporary Japan," *Social Science Japan Journal*, 8(1): 19-41.

千本暁子（1983）「中上川彦次郎の使用人待遇の理念」『同志社商学』33(4): 1-30．

───（1986）「明治期における工業化と在来的雇用関係の変化」『社会経済史学』52(1): 38-62．

───（1989）「三井の使用人採用方法の史的考察」『社会科学』42: 149-71．

中央職業紹介事務局（1927）『会社銀行ニ於ケル学校卒業生採用状況調』中央職業紹介事務局．

───（1935a）『昭和 10 年 3 月　知識階級就職に関する資料』．

───（1935b）『昭和 10 年度　知識階級就職に関する資料』．

大学局学生課（1984）「昭和 59 年度の就職協定について」『大学と学生』215: 60-2．

大臣官房調査統計課（1978）「新規学卒者の採用及び就業状況等に関する調査（速報）──指定校制をとる企業減少」『文部時報』1213: 83-5．

DiMaggio, P. (1990) "Cultural Aspects of Economic Action and Organization," Friedland, R. and Robertson, A. F. eds., *Beyond the Marketplace: Rethinking Economy and Society*, New York: Aldine de Gruyter: 113-36.

Donzelot, J. (1991) "Pleasure in Work" Burchell, G., Gordon, C. and Miller, P. eds., *The Foucault Effect: Studies in Governmentality*, Chicago: University of Chicago Press: 251-280.

Dore, R. P. (1976) *The Diploma Disease: Education, Qualification and Development*, London: George Allen & Unwin. =（1978）松井弘道訳『学歴社会──新しい文明病』岩波書店．

海老原嗣生（2012）『偏差値・知名度ではわからない就職に強い大学・学部』朝日新聞出版．

───（2015）『なぜ 7 割のエントリーシートは，読まずに捨てられるのか？──人気企業の「手口」を知れば，就活の悩みは 9 割なくなる』東洋経済新報社．

Elias, N. (1969) *Über den Prozeß der Zivilisation: Soziogenetische und Psychogenetische Untersuchungen*, 2. Aufl, Bern und München, Francke Verlag. =（1977）赤井彗爾・中村元保・吉田正勝訳『文明化の過程（上）』法政大学出版局．

江副浩正（2003）『かもめが翔んだ日』朝日新聞社．

Farrell, J. and Rabin, M. (1996) "Cheap Talk," *The Journal of Economic Perspectives*, 10(3): 103-118.

Fourcade, M. and Healy, K. (2007) "Moral Vies of Market Society," *Annual Review of Sociology*, 33: 285-311.
藤井信幸（1991）「両大戦間日本における高等教育卒業者の就職機会——大学・専門学校卒業者を中心に」『早稲田大学史記要』23: 97-116.
福沢諭吉〔福沢諭吉立案・石川半次郎編〕(1893)『実業論』博文館.
Giddens, A. (1984) *The Constitution of Society: Outline of the Theory of Structuration*, Oxford, Polity Press. =（2015）門田健一訳『社会の構成』勁草書房.
―――（1993）*New Rules of Sociological Method: A Positive Critique of Interpretative Sociologies*, 2ed, Cambridge: Polity Press. =（2000）松尾精文・藤井達也・小幡正敏訳『社会学の新しい方法基準［第二版］――理解社会学の共感的批判』而立書房.
Ginzburg, C. (2003) *Leggere la Storia in Contropelo*. =（2003）上村忠男訳『歴史を逆なでに読む』みすず書房.
Goffman, E. (1959) *The Presentation of Self in Everyday Life*, New York: Doubleday & Company. =（1974）石黒毅訳『行為と演技――日常生活における自己呈示』誠信書房.
Granovetter, M. (1978) "Threshold Models of Collective Behavior," *American Journal of Sociology*, 83(6): 1420-43.
―――（1985）"Economic Action and Social Structure: The Problem of Embeddedness," *American Journal of Sociology*, 91(3): 481-510.
―――（1992）"Problems of Explanation in Economic Sociology," Nohria, N. and Eccles, R. G. eds., *Networks and Organizations: Structure, Form and Action*, Boston: Harvard Business School Press: 25-56.
―――（2005）"The Impact of Social Structure on Economic Outcomes," *Journal of Economic Perspectives*, 19(1): 33-50.
Grief, A. (2006) *Institutions and the Path to the Modern Economy: Lessons from Medieval Trade*, New York, Cambridge University Press. =（2010）岡崎哲二・神取道宏監訳『比較歴史制度分析』NTT出版.
Hacking, I. (1990) *The Taming of Chance*, New York, Cambridge University Press. =（1999）石原英樹・重田園絵『偶然を飼いならす――統計学と第二次科学革命』木鐸社.
浜田寿美男（2001）『自白の心理学』岩波書店.
濱口桂一郎（2009）『新しい労働社会――雇用システムの再構築へ』岩波書店.
濱中淳子（2013）『検証・学歴の効用』勁草書房.
濱中義隆（2007）「現代大学生の就職活動プロセス」小杉礼子編『大学生の就職とキャリア――「普通」の就活・個別の支援』勁草書房: 17-49.
半澤成二（1930）『就職戦線をめがけて』金星堂.
林松次郎（1892）『立身就業出世案内』須原屋.

Herzberg, F.（1966）*Work and the Nature of Man*, New York, World Publisher Company. ＝（1968）北野利信訳『仕事と人間性—動機づけ-衛生理論の新展開』東洋経済新報社.
土方成美（1926）「就職難と学校問題」『実業之日本』29(19): 88-99.
―――（1935）「大学の事務室から見た就職」『文藝春秋』1935年12月号: 40-45.
平野十瓶・石川志静（1913）『最近実地踏査男女就職立志案内』城東書院.
平野恵子（2011）「企業からみた学力問題――新卒採用における学力要素の検証」『日本労働研究雑誌』614: 59-70.
平野秋一郎（1991）「就職協定の歴史と今日の採用活動状況」『季刊労働法』159: 75-85.
平沢和司（1997）「理科系新規大卒者の就職経路に関する序説――学校推薦応募を中心に」『北海道大学医療技術短期大学部紀要』10: 93-100.
―――（2010）「大卒就職機会に関する諸仮説の検討」苅谷剛彦・本田由紀編『大卒就職の社会学――データからみる変化』東京大学出版会: 61-85.
廣瀬泰幸（2015）『新卒採用基準――面接官はここを見ている』東洋経済新報社.
本田由紀（2005a）『若者と仕事――「学校経由の就職」を超えて』東京大学出版会.
―――（2005b）『多元化する「能力」と日本社会――ハイパー・メリトクラシー化のなかで』NTT出版.
芳水生（1919a）「（新入社員心理描写）『M物産会社から』」『実業之日本』22(19): 61-3.
―――（1919b）「（新入社員実情告白）M呉服店S君の手紙」『実業之日本』22(21): 65-7.
―――（1919c）「（新入社員実情告白）帝大出身の新社員から『O君へ』」『実業之日本』22(22): 51-3.
今村仁司（1998）『近代の労働観』岩波書店.
井上捷夫・置塩道彦・井上孝美・松浦敬紀（1984）「今年度の就職協定について」『大学と学生』218: 7-18.
―――（1985）「今年度の就職協定について」『大学と学生』231: 7-21.
井上捷夫・置塩道彦・佐藤孝安・松浦敬紀（1986）「今年度の就職協定について」『大学と学生』243: 7-21.
井上靖［1936］（1995）「就職圏外」『井上靖全集　第7巻』新潮社: 457-73.
井上好一（1930）『大学専門学校卒業者　就職問題の解決』新建社.
乾彰夫（1990）『日本の教育と企業社会――一元的能力主義と現代の教育＝社会構造』大月書店.
石川天涯［1909］（1986）『東京学』新泉社.
伊藤彰浩（1993）「高等教育機関拡充と新中間層形成」坂野潤治・宮地正人・高村直助・安田浩・渡辺治編『シリーズ 日本近現代史3　現代社会への転形』岩波書店: 145-79.

——— (1999)『戦間期日本の高等教育』玉川大学出版部.
——— (2004)「大卒者の就職・採用メカニズム」寺田盛紀編著『キャリア形成・就職メカニズムの国際比較―日独米中の学校から職業への移行過程』晃洋書房: 58-82.
伊藤忠商事株式会社社史編集室編 (1969)『伊藤忠商事100年』伊藤忠商事株式会社.
伊藤圭堂 (1909)『就職手引草』弘文館.
岩崎徂堂 (1904)『大商店会社銀行著名工場　家憲店則雇人採用待遇法』大学館.
岩田龍子 (1988)『学歴主義の発展構造　改訂増補版』日本評論社.
岩脇千裕 (2004)「大学新卒者採用における『望ましい人材』像の研究――著名企業における言説の二時点比較をとおして」『教育社会学研究』74: 309-27.
——— (2006a)「高度成長期以後の大学新卒者採用における望ましい人材像の変容」『京都大学大学院教育学研究科紀要』52: 79-92.
——— (2006b)「大学新卒者に求める『能力』の構造と変容　企業は『即戦力』を求めているのか」『Works Review』1(1): 36-49.
——— (2007a)「大学新卒者採用における面接評価の構造」『日本労働研究雑誌』49(10): 49-59.
——— (2007b)「日本企業の大学新卒者採用におけるコンピテンシー概念の文脈――自己理解支援ツール開発にむけての探索的アプローチ」『JILPT Discussion Paper Series 07-04』.
——— (2009)「企業インタビューから見えてきたもの――『あてはめ型』選抜と『発掘型』選抜」『ソシオロジ』53(5): 125-32.
Jacoby, S. (2005) *The Embedded Corporation: Corporate Governance and Employment Relations in Japan and the United States*, Princeton, Princeton University Press. = (2005) 鈴木良始・伊藤健市・堀龍二訳『日本の人事部・アメリカの人事部――日米企業のコーポレート・ガバナンスと雇用関係』東洋経済新報社.
香川めい (2008)「初職への移行プロセスと初職以後の初期キャリア――移行期間と入職経路の影響に注目して」渡辺勉編『世代間移動と世代内移動』(2005年SSMシリーズ 3): 187-208.
——— (2010)「『自己分析』を分析する――就職情報誌に見るその変容過程」苅谷剛彦・本田由紀編『大卒就職の社会学――データからみる変化』東京大学出版会: 171-197.
神島二郎 (1961)『近代日本の精神構造』岩波書店.
金井壽宏 (1994)「エントリー・マネジメントと日本企業のRJP指向性――先行研究のレビューと予備的実証研究」『神戸大学経営学部研究年報』40: 1-66.
神戸正雄 (1910)「学校卒業生採用の標準は試験点数にあらず」『実業之日本』13(18): 22-3.
唐澤富太郎 (1955)『学生の歴史』創文社
苅谷剛彦 (1991)『学校・職業・選抜の社会学』東京大学出版会.

――――（2010）「大卒就職の何が問題なのか――歴史的・理論的検討」苅谷剛彦・本田由紀編『大卒就職の社会学――データからみる変化』東京大学出版会: 1-26.

苅谷剛彦・沖津由紀・吉原恵子・近藤尚・中村高康（1992）「先輩後輩関係に"埋め込まれた"大卒就職」『東京大学教育学部紀要』32: 89-118.

Kariya, T. and Rosenbaum, J.E.（1995）"Institutional Linkages Between Education and Work as Quasi-Internal Labor Markets," *Research in Social Stratification and Mobility*, 14: 99-134.

苅谷剛彦編（1995）『大学から職業へ――大学生の就職活動と格差形成に関する調査研究』広島大学大学教育研究センター．

苅谷剛彦・菅山真次・石田浩編（2000）『学校・職安と労働市場』東京大学出版会．

河上謹一（1918）「学窓を出でて実業界に就かんとする青年に告ぐ」『実業之日本』21（14）: 15-20.

川上真史・齋藤亮三（2006）『コンピテンシー面接マニュアル』弘文堂．

慶応義塾就職部（1986）『塾生の就職――過去・現在・未来』慶応義塾就職部．

Kinmonth, E.H.（1981）*The Self-Made Man in Meiji Japanese Thought: From Samurai to Salary Man*, Oakland, University of California Press. =（1995）広田照幸訳者代表『立身出世の社会史――サムライからサラリーマンへ』玉川大学出版部．

岸田民樹・田中政光（2009）『経営学説史』有斐閣．

小杉礼子（2007）「企業からの人材養成と大学教育・キャリア形成支援」小杉礼子編『大学生の就職とキャリア――「普通」の就活・個別の支援』: 117-54.

河野勝（2002）『制度』東京大学出版会．

厚生省社会局（1938）『昭和12年度　知識階級就職に関する資料』

――――（1939）『昭和13年度　知識階級就職に関する資料』

――――（1940）『昭和14年度　知識階級就職に関する資料』

高等教育局学生課（1986）「昭和61年度就職協定について」『大学と学生』243:22-7.

――――（1987）「昭和62年度就職協定」『大学と学生』255:37-8.

――――（1990）「平成2年度の就職協定について」『大学と学生』294: 39-43.

――――（1992a）「平成4年度就職協定等について」『大学と学生』318:59-63.

――――（1992b）「就職協定について」『大学と学生』320: 46-52.

小山治（2010）「なぜ企業の採用基準は不明確になるのか―大卒事務系総合職の面接に着目して」苅谷剛彦・本田由紀編『大卒就職の社会学―データからみる変化』東京大学出版会:199-222.

久々宮久（1997）「学生の求職活動と高等教育について」『大学と学生』385: 5-9.

熊沢誠（2000）『女性労働と企業社会』岩波書店．

Lazear, E.P.（1998）*Personnel Economics for Managers*, New York, John Wiley & Sons. =（1998）樋口美雄・清家篤訳『人事と組織の経済学』日本経済新聞社．

Lin, N.（2001）*Social Capital: A Theory of Social Structure and Action*, New York: Cambridge University Press. =（2008）筒井淳也・石田光規・桜井政成・三輪

哲・土岐智賀子訳『ソーシャル・キャピタル——社会構造と行為の理論』ミネルヴァ書房.

Luhmann, N. (1972) *Rechtssoziologie*, Hamburg, Rowohlt Taschenbuch Verlag.＝(1977) 村上淳一・六本佳平訳『法社会学』岩波書店.

―――― (1973) *Vertrauen: ein Mechanismus der Reduktion sozialer Komplexität*, 2. Aufl, Stuttgart, Ferdinand Enke Verlag. ＝ (1990) 大庭健・正村俊之訳『信頼』勁草書房.

―――― (1983) *Legitimation durch Verfahren*, Frankfurt am Main, Suhrkamp Verlag.＝(1990) 今井弘道訳『手続きを通しての正統化』風行社.

―――― (1988) *Die Wirtschaft der Gesellschaft*, Frankfurt am Main, Suhrkamp Verlag. ＝ (1991) 春日淳一訳『社会の経済』文眞堂.

馬静 (2006)『実業之日本社の研究——近代日本雑誌史研究への序章』平原社.

牧野智和 (2010)「就職用自己分析マニュアル」が求める自己とその機能——「自己のテクノロジー」という観点から『社会学評論』61(2): 150-67.

―――― (2014)「『人間力』の語られ方——雑誌特集記事を素材にして」『日本労働研究雑誌』650: 44-53.

Marx, K. [1852] (1985) *Der 18. Brumaire des Louis Bonaparte*, Marx/Engels Gesamtausgabe [MEGA], I/11, Berlin: Dietz Verlag. ＝ (2008) 植村邦彦訳『ルイ・ボナパルトのブリュメール18日』平凡社.

松尾博志 (1983)『就職とは何だろうか——もう1つの明治・大正・昭和史——代表的企業人の職業選択』PHP研究所.

松崎芳伸 (1983)「就職協定について」『大学と学生』205: 37-43.

明治大学百年史編纂委員会編 (1994)『明治大学百年史 第4巻』明治大学.

Merton, R. K (1957) *Social Theory and Social Structure: Toward the Codification of Theory and Research*, Free Press. ＝ (1961) 森東吾・森好夫・金沢実・中島竜太郎訳『社会理論と社会構造』みすず書房.

Meyer, J. W. and Rowan, B. (1977) "Institutionalized Organizations: Formal Structure as Myth and Ceremony," American Journal of Sociology, 83(2): 340-63.

Miller, P. and Rose, N. (1995) "Production, Identity and Democracy," *Theory and Society*, 24(3): 427-67.

三島良兼 (1952)「大学卒業生の就職問題」『職業指導』25(10): 1-7.

見田宗介 (1971)『現代日本の心情と論理』筑摩書房.

宮本又郎 (1999)『〈日本の近代11〉企業家たちの挑戦』中央公論新社.

宮武外骨 (1997)『明治奇聞』河出書房新社.

文部省 (1951)『学校の行う職業指導』日本職業指導協会.

―――― (1992)『学制百二十年史』ぎょうせい.

文部省大学学術局学生課 (1953)「学校の行う無料職業紹介事業所開設状況調査」『学生生活時報』1953年2号: 57.

―――――（1972）「大学卒業予定者の早期選考（青田買い）防止の動きについて」『厚生補導』79: 65-6.
文部省大学局学生課（1976）「学生の就職問題をふりかえって」『厚生補導』117: 32-8.
―――――（1979）「『就職協定』の遵守について」『厚生補導』159: 60-1.
―――――（1982）「新しい『就職協定について』」『大学と学生』191: 57-64.
文部省高等教育局学生課（1997）「大学等卒業予定者の就職・採用活動について」『大学と学生』380: 54-9.
Montgomery, J. D.（1991）"Social Networks and Labor-Market Outcomes: Toward an Economic Analysis," *The American Economic Review*, 81(5): 1408-18.
森荘三郎（1933）「就職雑感」『経済往来（日本評論）』1933 年 4 月号: 296-300.
森川英正（1981）『日本経営史』日本経済新聞社.
諸橋有信（1930）『就職と面談の秘訣』博文館.
無署名（1908 年）「余は何人の周旋に依り又如何なる待遇にて初て実業界に出でしか」『実業之日本』11(18): 4-11.
無署名「大学卒業生の採用法」『日本人』1889 年 8 月 18 日号: 26.
永嶺重敏（1997）『雑誌と読者の近代』日本エディタースクール出版部.
中村高康（1993）「就職協定の変遷と規制の論理――大卒就職における「公正」の問題」『教育社会学研究』53: 111-30.
中村太郎「就職協定遵守に向けて」『大学と学生』218: 38-9.
中谷彰宏（1991）『面接の達人 '92 面接で通る奴 面接で落ちる奴』ダイヤモンド社.
夏目漱石［1939］（1990）『虞美人草』岩波書店.
根本孝（2004）「企業の採用基準と即戦力採用」永野仁編『大学生の就職と採用―学生 1,143 名，企業 658 社，若手社員 211 名，244 大学の実証分析』中央経済社: 49-65.
Niederle, M., Roth, A. E. and Sonmez, T.（2008）"Matching," Durlauf, S. N. and Blume, L. E. eds., *The New Palgrave Dictionary of Economics*, 2nd edition: Palgrave Macmillan.
日本労働研究機構（1997）『管理職層の雇用管理システムに関する総合的研究（上）――問題整理・製造業編』（調査研究報告書 No.94）.
―――――（2000）『変革期の大卒採用と人的資源管理――就職協定廃止と大卒の採用・雇用管理の変化』（調査研究報告書 No. 128）.
日経連能力主義管理研究会編（1969）『能力主義管理――その理論と実践』日経連出版部.
日経連職務分析センター編（1989）『職能資格制度と職務調査』日本経営者団体連盟広報部.
二村英幸・国本浩市（2002）『採用選考ハンドブック――すぐれた人材の発見と選抜のために』人事測定研究所.

野間清治（1999）『私の半生・修養雑話』野間教育研究所.

野村正實（2007）『日本的雇用慣行 ―全体像構築の試み』ミネルヴァ書房.

North, D. C. (1990) *Institutions, Institutional Change and Economic Performance*, New York, Cambridge University Press. =（1994）竹下公視訳『制度・制度変化・制度成果』晃洋書房

緒方潤（1930）『就職哲学』財政経済時報社.

小川泰一（1993）「就職協定をめぐって」『大学と学生』334:43-6.

置塩道彦（1976）「学生の就職に教育的配慮を」『厚生補導』117: 19-24.

小野賢一郎（1929）「入社試験雑感」『経済往来』1929 年 6 月号: 124-5.

小野金六（1910）「求職者は初対面の時の作法が運命の試験石」『実業之日本』13(22): 33-5.

小野義大伝記刊行会（1959）『小野義夫』小野義夫伝記刊行会.

人橋又四郎（1896）『就職受験案内』東京少年園.

大森一宏（2000）「戦前期日本における大学と就職」川口浩編『大学の社会経済史――日本におけるビジネス・エリートの養成』創文社: 191-208.

大島真夫（2012）『大学就職部にできること』勁草書房.

尾崎盛光（1967）『日本就職史』文藝春秋.

Polanyi, K. (1957) "The Economy as Instituted Process," Polanyi, K., Arensberg, C. M. and Pearson, H. W. eds., (1957) *Trade and Market in the Early Empires: Economies in History and Theory*, Glencoe, Free Press. =（2003）玉野井芳郎・平野健一郎編訳「制度化された過程としての経済」『経済の文明史』筑摩書房: 361-413.

Rawls, J. (1955) "Two Concepts of Rules," *The Philosophical Review*, 64(1): 3-32.

簾月生（1923）「社員採用の方針一変 三菱三井の人格第一主義」『実業之日本』26(8): 12-4.

Rivera, L.A. (2015) *Pedigree: how Elite Students get Elite Jobs*, Princeton and Oxford, Princeton University Press.

Rose, N. 1999, *Governing the Soul: The Shaping of the Private Self*, Second Edition, London: Free Association Books.

Rosenbaum, J. E. and Karlya, T. (1989) "From High School to Work: Market and Institutional Mechanisms in Japan," *American Journal of Sociology*, 94(6): 1334-65.

Roth, A. E. and Xing, X. (1994) "Jumping the Gun: Imperfections and Institutions Related to the Timing of Market Transactions," *American Economic Review*, 84(4): 992-1044.

労働政策研究・研修機構（2006）『大学生の就職・募集採用活動等実態調査結果Ⅱ――「大学就職部／キャリアセンター 調査」及び「大学生のキャリア展望と就職活動に関する実態調査」』（調査シリーズ No.17）.

―――― (2009)『大学新卒者採用において重視する行動特性（コンピテンシー）に関する調査――企業ヒアリング調査結果報告』（調査シリーズ No. 56）．
齋藤拓也（2007）「就職活動――新卒採用・就職活動のもつシステム」本田由紀編『若者の労働と生活世界――彼らはどんな現実を生きているか』大月書店: 185-217．
佐々木愼一（1992）「道標としての就職協定」『大学と学生』320: 7-12．
佐藤博樹（1999）「総論　雇用管理」日本労働研究機構編『リーディングス日本の労働⑤雇用管理』日本労働研究機構: 1-21．
佐藤卓巳（2002）『キングの時代――国民大衆雑誌の公共性』岩波書店．
佐藤俊樹（1988）「理解社会学の理論モデルについて」『理論と方法』3(2): 151-70．
―――― (1993)『近代・組織・資本主義――日本と西欧における近代の地平』ミネルヴァ書房．
Scott, R.W. (2014) *Institutions and Organizations: Ideas, Interests, and Identities*, Thousand Oaks: Sage Publications.
Searle, J. R. (1969) *Speech Acts: an Essay in the Philosophy of Language*, New York, Cambridge University Press. = (1986) 坂本百大・土屋俊訳『言語行為―言語哲学への試論』勁草書房．
盛山和夫（1995）『制度論の構図』創文社．
関英男（1982）「労働省の取り組みについて」『大学と学生』195: 39-43．
新堀通也（1966）『学歴――実力主義を阻むもの』ダイヤモンド社．
白井三平（1918）「学生より観たる社員採用方針」『実業之日本』21(7): 74-5．
Spence, M. (1973) "Job Market Signaling," *The Quarterly Journal of Economics*, 87(3): 355-74.
Spencer, Jr. L. M. and Spencer, S. M. (1993) *Competence at Work: Models for Superior Performance*, New York, John Wiley & Sons. = (2001) 梅津祐良・成田攻・横山哲夫訳『コンピテンシー・マネジメントの展開――導入・構築・活用』生産性出版．
菅山真次（1989）「戦間期雇用関係の労職比較――『終身雇用』の実態」『社会経済史学』55(4): 1-33．
―――― (2011)『「就社」社会の誕生――ホワイトカラーからブルーカラーへ』名古屋大学出版会．
壽木孝哉（1929）『就職戦術』先進社．
鈴木孝明（1992）「明治10年代郵便汽船三菱会社の人事政策」『大東文化大学経済論集』54(7): 165-203．
―――― (1994)「明治・大正期三菱合資会社の人事政策」『大東文化大学紀要』32: 113-31．
―――― (1995)「大正・昭和期三菱合資会社の人事政策」『大東文化大学紀要』33: 1-25．

隅谷三喜男（1961）「学生運動から就職へ」『朝日ジャーナル』1961年8月6日号: 16-7.
社会調査協会編（1933）『本邦職業文献』東邦書院.
社会局社会部（1937）『昭和11年度　知識階級就職に関する資料』.
高村直助（1996）『会社の誕生』吉川弘文堂.
財部叶（1928）『職業と就職への道』冨山房.
武石恵美子（2001）「1990年代における雇用管理の変化と女性の企業内キャリア」『ニッセイ基礎研所報』20: 1-44.
竹内裕（1996）『能力主義管理の手引』日本経済新聞社.
竹内洋（1988）「就職面接と印象操作」『選抜社会——試験・昇進をめぐる〈加熱〉と〈冷却〉』リクルート出版: 71-84.
───（1995）『日本のメリトクラシー——構造と心性』東京大学出版会.
───（2005）『立身出世主義［増補版］——近代日本のロマンと欲望』世界思想社.
辰野九紫（1932）「就職搦手戦法」『中央公論』1932年3月号: 221-7.
───（1935）「就職戦線めぐり」『文藝春秋』1935年3月号: 290-301.
寺崎昌男（2007）『東京大学の歴史——大学制度の先駆け』講談社.
鉄井良男（1982）「就職協定の意義と私大連の取組みについて」『大学と学生』193: 50-3.
Throw, L. C. (1975) *Generating Inequality: Mechanisms of Distribution in the U. S. Economy*, New York, Basic Books. =（1984）小池和男・脇坂明訳『不平等を生み出すもの』同文館.
徳岡竹次郎（1910）『就職之秘訣』TR社.
筒井淳也（2006）『制度と再帰性の社会学』ハーベスト社.
堤長述（1930）「現代就職希望者気質　線が細い」『中央公論』1930年4月号: 232-3.
浮田和民（1918）「根本的に改革すべき人物採用法」『実業之日本』21(18): 40-4.
梅澤正（2000）『企業と社会——社会学からのアプローチ』ミネルヴァ書房.
若林幸男（1999）「三井物産における人事課の創設と新卒定期入社制度の定着過程」『経営史学』33(4): 25-51.
早稲田大学大学史編集所編（1987）『早稲田大学百年史　第3巻』早稲田大学出版部.
渡辺深（2002）『経済社会学のすすめ』八千代出版.
渡邊新三郎（1929）「新入生詮衡の感想」『経済往来』1929年6月号: 122-4.
Weber, M（1920）*Die protestantische Ethik und der Geist des Kapitalismus*, Gesammelte Aufsätze zur Religionssoziologie 1, Tübingen: J. C. B Mohr. =（1989）大塚久雄訳『プロテスタンティズムの倫理と資本主義の精神』岩波書店.
矢野眞和（1993）「雇用と大卒労働市場」『広島大学大学教育センター　大学論集』22: 163-86.
───（1996）『高等教育の経済分析と政策』玉川大学出版部.

山下充（2008）「人事部」仁田道夫・久本憲夫編『日本的雇用システム』ナカニシヤ出版: 235-68.
八代充史（2002）「英国における大卒社員の雇用管理」小池和男・猪木武徳編著『ホワイトカラーの人材形成――日米英独の比較』東洋経済新報社: 135-57.
安田三郎（1971）『社会移動の研究』東京大学出版会.
読売新聞社会部編（1931）『彼と彼女は斯うして就職した』文明社.
米川伸一（1994）「第二次大戦以前の日本企業における学卒者」『一橋大学研究年報 商学研究』34: 3-38.
湯本芳雄（1988）「就職協定協議会の発足」『大学と学生』270: 4-6.
Zelizer, V. A. (1979) *Morals and Markets: The Development of Life Insurance in the United States*, New York: Columbia University Press.
――― (1985) *Pricing the Priceless Child: The Changing Social Value of Children*, New York: Basic Books.
――― (2011) *Economic Lives: How Culture Shapes the Economy*, Princeton: Princeton University Press.
Zukin, S. and Dimaggio, P. (1990) "Introduction," Zukin, S. and Dimaggio, P. eds., *Structures of Capital: The Social Organization of the Economy*, New York: Cambridge University Press: 1-36.

あとがき

　本書は 2014 年 6 月に東京大学大学院人文社会系研究科より博士号を授与された論文を修正したものである．
　就職に関する学術書というと，アンケート調査や官庁統計を用いた分析というイメージがあるかもしれない．そうした想定で本書を手にとった方は，明治時代からはじまる本書の構成に面食らうに違いない．
　本書の出発点になったのは，大学生のときの経験である．就職活動の存在を知ったのは，大学 3 年生の頃だった．それまでは，空きポストが出たら応募するイメージで就職活動を捉えていて，面接試験も雑談程度のものだと思っていた．世間知らずといえばそれまでだが，おかげで衝撃も大きかった．
　すでに具体的な記憶は薄れてしまっているが，多くの学生が同じようなスケジュールで活動する光景や，自分への反省に向かわせる言葉の多さに驚き，惹きつけられた．誰かが書いた台本を渡されて，これで自分を表現してくださいと，舞台にあげられるような気がして，こうした風潮はいつ頃から始まったのかが気になりだした．当時は就職氷河期の終わりで，若者の就業を心配する声も多かったが，そうした声には「社会」の行く末への危機感が，倍音のように混じっているようにも感じられ，労働の帯びる社会性に興味をもった．
　修士課程から 10 年近くこのテーマと付き合うことができたのは，このとき取り憑かれた感覚のゆえであるが，本書を読むのにこの感覚を共有する必要はないと思う．さまざまな立場の方に手にとっていただき，人と仕事の出会い方・つきあい方について，考えるきっかけにしていただけたら嬉しい．
　博士論文の執筆時から本書が完成するまで，じつに多くの方のお世話になった．すべての方のお名前を挙げることはできないが，こうした本の通例として，代表的な方々にこの場を借りて感謝の意を表したい．

指導教官の白波瀬佐和子先生は，博士論文の完成に向けて，常に叱咤激励してくださり，最初の読者として幾度となく草稿に目を通していただいた．何とか博士論文を書き上げて今の自分があるのは白波瀬先生のおかげである．先生のもとで階層研究を学び，社会調査にかかわり，統計解析と格闘するなかで，研究スタイルも広げていくことができた．

盛山和夫先生には，修士課程から先生が退官されるまでのあいだ，指導教官としてご指導いただき，博論審査の副査も引き受けていただいた．本書を書き上げてみて思うのは，自分なりに盛山先生から受けとった財産が，ベーシックな部分で活きていることである．それを本当に自分のものにするための作業にも少しずつ取り組んでいきたい．

佐藤健二先生は，まとまっていようといなかろうと，常に丁寧に報告に向き合っていただき，面白くなりそうな小さな火種をいくつも教えていただいた．本書の素材を解読していくうえでも，資料の形態にじっくり向き合う佐藤先生の仕事から学ぶことが多かった．

赤川学先生には，社会学で歴史を扱う方法について，ゼミや著作を通じて多くのことを学ばせていただいた．いつも気さくに声をかけてくださる先生だが，そのコメントは，たいていあまり触れてほしくない所を的確に指摘していて，言葉に詰まった．論文審査においてもいくつか宿題をいただいた．

佐藤俊樹先生には，修士の頃からゼミや授業に出させていただき，メールでたびたび修士論文指導もしていただいた．その時に蒔かれた種を育てることで本書は形をなしていった．駒場のゼミでは，先生や同年代のゼミ生の方々のコメントに刺激されて，自分の報告だろうが他人の報告だろうがおかまいなく，どうすれば良い研究として成立するのかを一生懸命考えていた．あの時間のなかで自分は社会学者になっていったのだと思う．

私の「ホーム」である東京大学社会学研究室の他の先生方，歴代助教・秘書の方々，そしてなによりも院生諸氏に，厚く御礼申し上げたい．研究会や読書会，果てはその後の飲み会でも，社会学のことばかり話しているという，非常に楽しく，何物にも代えがたい大学院生活であった．

現所属の東京大学高齢社会総合研究機構では，工学，医学，看護学，農学，法学，教育学など多様なバックグラウンドを持つスタッフや大学院生に囲まれ，

新鮮で刺激的な日々を過ごしている．産学官が連携する課題解決型のプロジェクトにかかわるなかで，社会学者が研究に向かう姿勢について日々考えさせられている．以前席を置いていた東京大学社会科学研究所の先生方，論文を読んで非常勤に呼んでくださった尾中文哉先生（日本女子大学）や，高橋康二さん（労働政策研究・研修機構）をはじめ，労働・産業の世界と繋いでくださる研究者の方々にも，この場を借りて御礼を申し上げたい．

勁草書房の松野菜穂子さんに初めてお会いしたのは随分前のことである．博士論文の執筆が遅々として進まないなかでも，定期的に打ち合わせの機会を作っていただいた．論文が完成して企画が通ってからも執筆は遅れがちであり，大変なご苦労をおかけした．松野さんおよび勁草書房に深く御礼を申し上げる．

最後に，研究の道へ快く送り出してくれた亡き父と母，単調になりがちな毎日を明るい笑顔で彩ってくれる実香と然に，心からの感謝を伝えたい．

2016 年 1 月

福井康貴

人名索引

ア 行
アージリス（Argyris, C.） 144, 145
青野季吉 57, 97
アカロフ（Akerlof, J.） 2
麻生誠 4
穴田秀男 43
天野郁夫 15, 17, 47
池田成彬 102
石川天涯 19
伊藤彰浩 97, 106, 128
井上靖 70
今村仁司 164
岩崎弥太郎 47
岩田龍子 164
岩脇千裕 65
ウェーバー（Weber, M.） 157, 163
浮田和民 32, 33
馬静 10
海老原嗣生 99
エリアス（Elias, N.） 12
大島真夫 98
大森一宏 18
尾崎 82
尾崎盛光 7, 27
尾崎行雄 18
小津安二郎 72
小野賢一郎 59
小野義夫 27

カ 行
香川めい 12, 158, 159
刈谷剛彦 6, 67
河上謹一 33
河野勝 4
ギデンズ（Giddens, A.） 8, 131
ギンズブルグ（Ginzburg, C.） 9
キンモンス（Kinmonth, E.） 10, 12, 48
串田萬蔵 102
グライフ（Greif, A.） 12
グラノヴェター（Granovetter, M.） 2, 5, 6, 129
小杉礼子 164
壽木孝哉 49
ゴフマン（Goffman, A.） 2, 51, 52, 54, 57, 59, 134
米川伸一 18
小山治 165

サ 行
サール（Searle, J. R.） 4, 130
盛山和夫 8
佐々木勇之助 102
佐藤俊樹 63
サロー（Thurow, L. C.） 140
シャペロ（Chiapello, È.） 157
ズーキン（Zukin, S.） 5, 29
菅山真次 12, 98
スコット（Scott, W. R.） 4
鈴木孝明 47
隅谷三喜男 147, 148
関英夫 117
ゼリザー（Zelizer, V.） 6, 146

タ 行
竹内洋 7, 12, 19, 48, 174
辰野九紫 41
田中穂積 68
対馬機 68
ディマジオ（Dimaggio, P.） 5, 29, 134, 163

唐澤富太郎　44
豊川良平　47

ナ　行
中谷彰宏　153
中上川彦次郎　17
中村高康　12
楢木望　149
成瀬隆蔵　18
根本二郎　126
ノース（North, D.）　3
野間清治　30, 31, 36, 38

ハ　行
バーガー（Berger, P. L.）　9
ハーズバーク（Herzberg, F.）　145
ハーズバーグ（Herzberg, F.）　144
ハッキング（Hacking, I.）　72
浜尾新　18
濱中淳子　95
土方成美　42, 71
ビルズ（Bills, D. B.）　7
福沢諭吉　18, 19, 44, 47
藤井信幸　48
穂積陳重　18
ポラニー（Polanyi, K.）　5
ボルタンスキー（Boltanski, L.）　157

マ　行
マートン（Merton, R. K.）　129
牧野智和　12
益田孝　47
マルクス　ii, 148
宮澤賢治　147
ミラー（Miller, P.）　156
森有礼　15
森川英正　18
森荘三郎　39

ヤ　行
矢野二郎　18, 47
矢野眞和　106
山名次郎　68
湯本芳雄　121

ラ　行
ラジアー（Lazear, E.）　65
リヴェラ（Rivera, Lauren. A.）　164
リン（Lin, N.）　23
ルーマン（Luhmann, N.）　2, 29
ルックマン（Luckmann, T.）　9
ローズ（Rose, N.）　145, 156
ローゼンバウム（Rosenbaum, J. E.）　6
ロールズ（Rawls, J.）　4

事項索引

アルファベット
OB・OG　　98, 118
　——ネットワーク　　6, 7
　——訪問　　118, 119
RJP（Realistic Job Preview）　　164

ア　行
相性　　158-163, 165, 172-174
青田買い　　67, 107, 112, 114, 115, 122, 127, 128
閾値モデル　　129
印象操作　　53
埋め込み　　5, 7, 24, 29, 46, 78, 81, 97, 167
演技　　52, 57, 58, 162

カ　行
会社訪問　　87, 112, 113, 115, 129
学歴（学校歴）　　3, 5, 8-11, 36, 48, 67, 72, 74, 76, 78-80, 90, 93-96, 98, 140, 145
学歴社会（論）　　67, 122, 128
　——主義　　8, 12
一次近似　　96, 134, 169, 170
一次理論　　4, 8, 11, 170
学校推薦（制）　　6, 11, 67, 69, 75-78, 80-83, 87-90, 95, 97, 98, 106, 111, 129, 169, 170
完全自由公募　　88, 93
機会主義　　57, 64, 133, 138, 169
擬似職業資格化　　8, 72, 169
規制　　3, 4, 11, 106, 111, 117, 120, 121, 127, 131, 167, 171
機能的等価物　　162, 173, 174
規範　　1, 2, 4, 12, 29, 163
規範的期待　　124, 126
訓練スペシャリスト　　59, 64, 169

経済社会学　　5, 175
決定の正統化根拠　　162
　——の正統性　　133, 172
限定合理性　　5
構造的埋め込み　　6
構造の二重性　　131
高等教育　　5, 10, 16, 17, 43, 44, 46, 69, 78, 84, 97, 168
個人・企業の利害調整　　64, 133, 135, 141, 143, 169, 172
コンピテンシー　　157, 158, 164

サ　行
採用母集団　　88
ジェンダー　　134, 135
シグナリング　　2, 3, 167
シグナル　　3, 4, 7, 8, 11, 35, 42, 43, 45, 51, 67, 72, 76, 95, 137, 138, 143, 159-164, 167, 168, 172-174
自己呈示　　52, 53, 56, 60, 152, 156, 169
仕事競争モデル　　140, 141
仕事への自由　　143, 145, 146, 149, 155, 156, 172, 175
自己PR　　135-138, 141, 148, 149, 153, 154, 172
自己分析　　7, 12, 154, 158, 164
誌上面接　　135, 136, 141, 148, 149
指定校（制）　　11, 67, 88-93, 95, 97, 129, 169, 170
指定校内自由公募　　88, 89, 93
私的情報　　57, 60, 64, 137, 149, 156, 161-163, 169, 172, 173
　——の質確保　　11, 133, 135, 136, 161, 169, 172
志望動機　　60, 61, 63, 135, 141, 148, 149,

195

　　　　153, 154, 156, 163, 169, 172
社会関係資本　　23
社会的現実　　9, 94, 96, 134
社会的ネットワーク　　6, 23, 24, 118, 167
社風　　159, 160, 162, 165
自由応募　　6, 11, 67, 80, 83, 87, 88, 95,
　　　　97-99, 106, 120, 129, 169, 170
集合的決定による正統化　　161
就社　　141, 154, 155
10-11 協定　　115, 122, 123, 127
就職協定　　3, 7, 9-12, 101, 106, 107, 111-
　　　　114, 116-118, 120-126, 128, 171
就職ジャーナル　　10, 88, 90, 94, 112, 120,
　　　　134, 149, 158
就職戦術書　　49-51, 55, 58-60, 64, 72, 169
就職ナビサイト　　120, 175
就職難　　47, 62, 71, 72, 97
就職マニュアル　　10, 39, 40, 47, 96, 170
紹介　　1, 3, 9, 10, 18-20, 23, 24, 27, 28, 39,
　　　　41-43, 45, 47, 71, 74, 75, 167-169, 173
　　――者　　1, 18, 29, 36, 64, 162, 167-169
情報の非対称性　　2, 3, 29, 52, 64, 163, 167
職業能力　　2, 3, 11, 29, 30, 34-36, 43, 48,
　　　　57, 67, 72, 74, 76, 78-80, 95-98, 133,
　　　　138, 139-141, 167-170, 172-174
職務拡大　　144, 156
職務充実　　144, 156
職務遂行能力　　139, 141, 145, 174
新卒一括定期採用　　12, 103, 104, 126, 128,
　　　　164, 171
人物　　3, 9, 10, 11, 36, 37, 39, 43, 46, 49,
　　　　51, 52, 56, 60, 64, 168, 169, 172-174
人物試験　　10, 11, 40, 49, 53-57, 59, 60, 63,
　　　　64, 72, 133, 161, 169
信頼　　2, 10, 29, 30, 36, 64, 83, 161, 168,
　　　　173, 174
スクリーニング　　2, 3, 7, 11, 23, 35, 36, 38,
　　　　57, 59, 64, 67, 71, 72, 77, 78, 83, 87, 94-
　　　　97, 99, 138, 156, 157, 161, 162, 165,
　　　　167-169

スクリプト　　134, 163
政治的埋め込み　　6, 127, 171
成績　　3, 9, 10, 11, 30, 31, 33-39, 43, 46, 47,
　　　　68-71, 75, 82, 97, 111, 162, 167-169,
　　　　173
制度　　3, 4, 5, 6, 7, 9, 11, 12, 46, 67, 69, 72,
　　　　76, 78-81, 83, 93, 95-97, 106, 126, 127,
　　　　131, 134, 157, 169-171
制度的リンケージ　　6, 12, 26, 68, 78
制約　　1, 3, 4, 7, 8, 24, 56, 101, 106, 133,
　　　　136, 138, 167, 169-171, 173, 175
選抜　　7, 9, 63, 72, 83, 98, 99, 160, 163, 173,
　　　　174
相互行為　　1, 3-5, 8-12, 23, 52, 56, 101, 106,
　　　　115, 118, 124, 127, 133, 134, 167, 169,
　　　　173, 174

タ 行

ターゲット校　　96, 97
体験の具体化　　137, 149, 153, 172
対人関係　　160, 162, 165
大卒労働市場　　i, 1, 2, 4, 6-8, 11, 12, 81,
　　　　83, 101, 167, 169, 173-175
タイミング　　1, 3, 11, 101, 103, 106, 111,
　　　　167, 171
対面的相互行為　　2, 51, 64
チープトーク　　138
知識階級　　49, 72, 73, 97, 101, 103, 106
懲罰（メカニズム）　　114, 116, 117, 125,
　　　　127, 171
定期採用　　74, 103, 104, 142
手続き　　137, 153-156, 162, 173
　　――の適正化　　133, 149, 161 172, 174

ナ 行

日本的雇用システム　　145
入職経路　　12, 19, 74, 87
人間力　　97
認知（的）　　4, 5, 9, 29, 134, 163
認知的期待　　124, 125

196

能力主義管理　139, 140, 145, 158
能力の社会的構成（説）　174, 175

ハ　行
1人1社主義　69
二重の解釈学　8
文化　4-6, 163, 167
文化的埋め込み　6, 29

マ　行
マッチング　i, 45, 159, 175
面接　3, 7, 10-12, 49, 51, 53, 54, 59, 68, 69, 71, 133-135, 140, 148, 152, 157, 162, 163, 165, 171

モチベーション理論　144, 145

ヤ　行
予言の自己成就　129
予定を立てるという技法　57, 58

ラ　行
理解社会学　8
リクルート　10, 120, 134
ルール　1, 2-4, 11, 12, 101, 102, 106, 107, 111, 117, 123-129, 134, 139, 171
企業的主体　156
労働への動機づけ　175
六社協定　102, 103, 126, 171

著者略歴
1980年　東京都出身．
2014年　東京大学大学院人文社会研究科博士課程修了／博士（社会学）
現　在　東京大学高齢社会総合研究機構特任助教
主論文　「非正規雇用から正規雇用への移動における企業規模間格差」『社会学評論』66(1): 73-88

歴史のなかの大卒労働市場　就職・採用の経済社会学

2016年3月15日　第1版第1刷発行

著　者　福井康貴

発行者　井村寿人

発行所　株式会社　勁草書房

112-0005　東京都文京区水道2-1-1　振替　00150-2-175253
（編集）電話 03-3815-5277／FAX 03-3814-6968
（営業）電話 03-3814-6861／FAX 03-3814-6854
本文組版　プログレス・日本フィニッシュ・松岳社

©FUKUI Yasutaka　2016

ISBN978-4-326-60290-2　　Printed in Japan

JCOPY　〈(社)出版者著作権管理機構　委託出版物〉
本書の無断複写は著作権法上での例外を除き禁じられています．
複写される場合は，そのつど事前に，(社)出版者著作権管理機構
（電話 03-3513-6969，FAX 03-3513-6979，e-mail: info@jcopy.or.jp）
の許諾を得てください．

＊落丁本・乱丁本はお取替いたします．

http://www.keisoshobo.co.jp

筒井美紀 櫻井純理 本田由紀	就労支援を問い直す 自治体と地域の取り組み	3000円
J. フィッツジェラルド 筒井・阿部・居郷 訳	キャリアラダーとは何か	3700円
本田由紀	「家庭教育」の隘路 子育てに強迫される母親たち	2000円
本田由紀 編	女性の就業と親子関係 母親たちの階層戦略	3100円
松田茂樹	少子化論 なぜまだ結婚, 出産しやすい国にならないのか	2800円
大島真夫	大学就職部にできること	2700円
橘木俊詔 松浦司	学歴格差の経済学	2400円
大槻奈巳	職務格差 女性の活躍推進を阻む要因はなにか	3200円
濱中淳子	検証・学歴の効用	2800円
佐藤博樹 武石恵美子 編著	ワーク・ライフ・バランスと働き方改革	2400円
佐藤博樹 武石恵美子 編	人を活かす企業が伸びる 人事戦略としてのワーク・ライフ・バランス	2800円
佐藤博樹 永井暁子 編著 三輪哲	結婚の壁 非婚・晩婚の構造	2400円
牧野智和	自己啓発の時代 「自己」の文化社会学的探究	2900円
牧野智和	日常に侵入する自己啓発 生き方・手帳術・片づけ	2900円
石田光規	孤立の社会学 無縁社会の処方箋	2800円

＊表示価格は 2016 年 3 月現在. 消費税は含まれておりません.